EDITORA DO CONHECIMENTO

Auxiliando a humanidade a encontrar a Verdade

A CONSCIÊNCIA DO ÁTOMO

Alice Bailey

A CONSCIÊNCIA DO ÁTOMO

A Consciência do Átomo
Alice Bailey
Título original: *The Consciousness of the Atom*

CONHECIMENTO EDITORIAL LTDA.
Caixa Postal 404
CEP 13480-970 — Limeira — SP
Fone/Fax: 19 34510143
www.edconhecimento.com.br
conhecimento@edconhecimento.com.br

Tradução: Mariléa de Castro
Projeto Gráfico: Sérgio Carvalho
Ilustração da Capa: Mário Diniz

ISBN 978-65-5727-106-3 — 2ª EDIÇÃO - 2021

• Impresso no Brasil • Presita en Brazilo

Produzido no departamento gráfico da
Conhecimento Editorial Ltda
Fone/Fax: 19 3451-5440
e-mail: grafica@edconhecimento.com.br

Dados Internacionais de Catalogação na Publicação (CIP)
(Câmara Brasileira do Livro, SP, Brasil)

Bailey, Alice 1880-1949
A Consciência do Átomo / Alice Bailey; tradução Mariléa de Castro. — Limeira, SP : Editora do Conhecimento, 2007.

Título original: The consciousness of the atom.
ISBN 978-65-5727-106-3

1. Átomos 2. Conciência 3. Espiritismo - Filosofia 4. Evolução 5. Imortalidade 6. Reencarnação 7. substância (Filosofia) I. Título.

07-4799 CDD — 133.901

Índice para catálogo sistemático:
1. Evolução : Filosofia espírita 133.901

Alice Bailey

A CONSCIÊNCIA DO ÁTOMO

Tradução
Mariléa de Castro

EDITORA DO
CONHECIMENTO

Sumário

A Grande Invocação

Do ponto de Luz na Mente de Deus
Flua luz às mentes dos homens;
Que a Luz desça à Terra.
Do ponto de Amor no Coração de Deus,
Flua amor aos corações dos homens;
Que o Cristo volte à Terra.
Do centro onde a vontade de Deus é conhecida,
Guie o propósito as pequenas vontades dos homens;
O propósito que os Mestres conhecem e servem.
Do centro a que chamamos raça dos homens,
Cumpra-se o Plano de Amor e Luz
E mure-se a porta onde mora o mal.
Que a Luz, o Amor e o Poder restabeleçam
o Plano na Terra.

A invocação ou oração acima não pertence a nenhuma pessoa ou grupo mas a toda a Humanidade. A beleza e a força desta invocação repousam em sua simplicidade e em sua expressão de certas verdades centrais que todos os homens, inata e normalmente, aceitam a verdade da existência de uma Inteligência básica a Quem nós vagamente damos o nome de Deus; a verdade que por trás de toda aparência exterior, o poder motivador do universo é o Amor; a verdade que uma grande Individualidade veio à terra, chamada pelos cristãos, o Cristo, e encarnou aquele amor de modo que o pudéssemos compreender; a verdade que tanto o amor como a inteligência são efeitos do que é chamada a Vontade de Deus; e, finalmente, a verdade auto-evidente que somente através da própria humanidade pode o Plano Divino realizar-se.

Alice A. Bailey

Introdução

As conferências apresentadas aqui foram pronunciadas em Nova Iorque durante o inverno passado. O objetivo delas foi trazer aos ouvintes o testemunho da ciência sobre a relação entre a matéria e a consciência, e permitir-lhes observar a expressão idêntica dessa relação, assim como de certas leis básicas, em estados sucessivamente mais elevados de existência, e assim permitir-lhes compreender a universalidade do processo evolutivo e sua realidade; e abordar algo da natureza dos estados ampliados de consciência e da vida maior para os quais a humanidade está se encaminhando.

Deveriam, pois, servir como introdução ao estudo mais detalhado e à aplicação das leis da vida e do desenvolvimento do homem que geralmente são enfeixados sob o termo "ocultismo".

Notar-se-á que existe nelas uma boa quantidade de repetições, já que cada conferência retoma sucintamente os temas tratados nas anteriores. Como em todas elas havia novos assistentes, entendemos necessário a cada vez oferecer uma rápida visão dos temas tratados e dos motivos para as posições que adotamos. Uma vantagem disso foi a fixação, nas mentes dos ouvintes, de alguns desses conceitos básicos, que eram novos para muitos deles, auxiliando-os a compreender e aceitar prontamente o desenvolvimento posterior do assunto.

Ao apresentar as conferências em forma de livro, achamos aconselhável conservar o texto integral, tal como foram proferidas. Aqueles que já são estudantes da sabedoria esotérica poderão acompanhar a linha de desenvolvimento das palestras sem dificuldade. Para aqueles, contudo, que se aproximam pela primeira vez dos temas aqui tratados, a repetição eventual dos pontos fundamentais pode auxiliar na melhor compreensão, e é para essa espécie de leitores que a obra se dirige fundamentalmente.

Alice Bailey
Setembro de 1922

1ª Conferência

O campo da evolução

Nunca houve, provavelmente, um período da história do pensamento que se assemelhasse a este. Os pensadores, em toda parte, acham-se conscientes de duas coisas: primeiro, que o território dos mistérios nunca foi tão claramente definido; e segundo, que esse território pode ser penetrado com maior facilidade do que jamais o foi, e portanto, poderá entregar alguns de seus segredos, se os investigadores de todas as escolas prosseguirem na busca com determinação. Os problemas com que nos defrontamos, ao estudar os fatos conhecidos sobre a vida e a existência, são passíveis de uma definição mais clara do que até agora, e embora não tenhamos as respostas a nossas indagações, nem até agora descoberto as soluções dos problemas, e não exista qualquer panacéia a nosso alcance para remediar os males do mundo, contudo o simples fato de que possamos defini-los, de que possamos indicar a direção em que jaz o mistério, e que as luzes da ciência, da religião e da filosofia tenham sido ampliadas sobre largas extensões antes consideradas território das sombras, é uma garantia de êxito no futuro. Sabemos tanto mais do que se sabia há quinhentos anos atrás, a não ser em poucos círculos de sábios e místicos; descobrimos tantas leis da natureza, embora até agora não possamos aplicá-las; e o conhecimento das "coisas como elas são" (escolho essa expressão deliberadamente) fez enormes avanços.

Não obstante, o território dos mistérios ainda está por ser descoberto, e nossos problemas continuam numerosos. Há o problema de nossa vida pessoal, qualquer que seja ela; o daquilo que é comumente denominado de "não-eu", e que diz respeito ao nosso corpo físico, nosso ambiente e circunstâncias, e nossas condições de vida; se formos do tipo introspectivo, haverá o problema de nossas próprias emoções, e dos pensamentos, desejos e instintos que determinam nossas ações. Os problemas coletivos são muitos: por que devem existir o sofrimento, a miséria e a dor? Por que o mundo, de forma geral, tem que ser presa da terrível pobreza, da doença, das aflições? Qual é o propósito que existe atrás de tudo que nos cerca, e o que será dos destinos do mundo como um todo? Qual é o destino da raça humana, qual é sua origem, qual a explicação para seu estado atual? Existe mais do que uma única vida, e só importa esta tangível e material? Essas indagações atravessam nossas mentes muitas vezes, e passaram pelas mentes dos pensadores através do séculos.

Houve muitas tentativas de responder a essas questões, e quando as analisamos, vemos que as respostas se inserem em três tipos principais, e três grandes soluções são oferecidas para a avaliação das criaturas. São elas:

Primeiro, o realismo. Outra designação para essa escola é a de materialismo. Postula que "a representação que temos na consciência do mundo exterior é real"; que as coisas são aquilo que parecem; que a matéria e a energia, tais como as conhecemos, são a única realidade, e que não é possível ao homem ir além do que é tangível. Deve ficar satisfeito com as coisas como as vê, ou como a ciência lhe diz que são. É um método totalmente legítimos de solução, mas para alguns de nós falha porque não vai adiante o suficiente. Ao recusar-se a se ocupar de tudo que não pode ser provado e demonstrado, se detém exatamente quando se faz a pergunta: "Isso é assim; mas por que?" Deixa de considerar muitas coisas que são consideradas reais pelo homem comum, embora não seja capaz de dizer por que sabe que são reais.

Segundo, o ponto de vista que melhor se poderia chamar de sobrenatural. O homem se conscientiza de que afinal, talvez as coisas não sejam exatamente o que parecem, e que ainda restam muitas que são inexplicáveis; dá-se conta de que ele próprio não é apenas um conjunto de átomos físicos, algo material, um corpo tangível, mas que latente dentro de si existe uma consciência, uma força, uma natureza psíquica que o une a todos os outros membros da família humana, e a um poder fora dele que precisa necessariamente ser explicado. É o que levou, por exemplo, ao desenvolvimento das visões cristã e judaica, que postulam um Deus exterior ao sistema solar, que o criou mas é extrínseco a ele. Essas linhas de pensamento ensinam que o mundo teve origem num Poder ou Ser que criou o sistema solar e dirige devidamente os mundos, mantendo nossa pequena vida na palma de sua mão, e "dirigindo suavemente" todas as coisas de acordo com um propósito oculto que não é possível a nós, com nossas mentes limitadas, perceber, e menos ainda compreender. Essa é a visão religiosa e sobrenatural, baseada na crescente autoconsciência dos indivíduos, e no reconhecimento de sua própria condição divina. Como a visão do realismo, contém apenas uma verdade parcial, e precisa ser complementada.

À terceira linha de pensamento poderíamos chamar de idealista. Postula um processo evolutivo subjacente a todas as coisas manifestadas, e identifica a vida com o processo cósmico. É o oposto exato do materialismo, e coloca a divindade sobrenatural, pregada pelas religiões, na condição de uma grande Entidade ou Vida, que está evoluindo através e por meio do universo, assim como o homem está desenvolvendo sua consciência por meio de um corpo físico concreto.

Nesses três pontos de vista – o francamente materialista, o puramente sobrenatural e o idealista – temos as três principais linhas de pensamento que têm sido oferecidas para explicar o processo cósmico; todas constituem verdades parciais, e nenhuma é completa sem as outras. Todas elas, seguidas com exclusividade, conduzem a desvios e à obscuridade, deixando o mistério essencial sem resolver. Se forem sintetizadas, reunidas e combinadas, e unificadas, conterão talvez (é uma simples sugestão) o máximo que é possível à mente humana apreender a respeito da realidade evolutiva, no presente estágio de desenvolvimento.

Estamos tratando de vastos problemas, e insinuando-nos talvez em temas muito elevados; penetrando em regiões que são o domínio próprio da metafísica; e estamos pretendendo resumir em algumas palestras breves o conteúdo de todas as bibliotecas do mundo; portanto, estamos tentando o impossível. O que podemos fazer é apenas examinar breve e superficialmente um após outro dos aspectos da realidade. O que é possível realizar é um esboço dos princípios básicos da evolução, estudando suas relações entre si e conosco, como entidades conscientes, e após, tentar combinar e sintetizar o pouco que sabemos até que se torne clara uma idéia geral do processo como um todo.

Precisamos lembrar, em face de qualquer afirmação a respeito da verdade, que cada qual é feita a partir de um determinado ponto de vista. Até que tenhamos desenvolvido nossos processos mentais e sejamos capazes de pensar em termos abstratos tão bem como nos concretos, não poderemos responder completamente à questão "o que é a verdade", nem expressar qualquer aspecto dessa verdade de forma totalmente imparcial.

Algumas pessoas têm um horizonte mais amplo que outras, e algumas conseguem perceber a unidade subjacente aos vários aspectos. Outros inclinam-se a achar que a sua visão e interpretação são as únicas. Espero, nestas palestras, alargar um pouco o nosso ponto de vista. Espero que possamos chegar a compreender que o homem que só se interessa pelo aspecto científico, e se limita ao estudo dos fenômenos puramente materiais, está tão ocupado com o estudo do divino quanto seu irmão religioso que só se preocupa com o aspecto metafísico; e que o filósofo dedica-se a enfatizar o aspecto imprescindível da inteligência, que une o material e o espiritual, e os conecta num todo coerente. Talvez, com a reunião dessas três visões, da ciência, da religião e da filosofia, possamos chegar a um conhecimento produtivo da verdade como ela é, recordando também que "a verdade está dentro de nós". Nenhuma expressão individual da verdade é a verdade completa, e o único objetivo do pensamento é permitir-nos criar adequadamente, e trabalhar com a matéria mental.

Gostaria de esboçar meu esquema, nesta noite, colocando as bases de nossas próximas palestras, e mencionar as principais linhas da evolução.

A mais óbvia é sem dúvida a que diz respeito à evolução da substância, com o estudo do átomo, e à natureza da matéria atômica. Na próxima semana nos ocuparemos disso. A ciência tem muito a nos dizer a respeito da evolução do átomo, e caminhou muito nos últimos cinqüenta anos, desde a visão do século passado. O átomo era então considerado como uma unidade indivisível da matéria; hoje é visto como um centro de energia ou força elétrica. Da evolução da matéria somos levados naturalmente à evolução das formas, ou conjuntos de átomos, e então se nos apresentam as interessantes possibilidades de formas outras que não as puramente materiais – formas que existem em substâncias mais sutis, como as formas de pensamento e as formas raciais e de organizações.[1] Nesse duplo estudo, será realçado um dos aspectos da divindade – se preferirem usar esse termo, ou uma das manifestações da natureza, se preferirem essa expressão menos sectária.

1 Egrégoras das raças e organizações (N.T.).

Passaremos então ao exame da evolução da inteligência, ou o fator mental que atua, com um objetivo definido, em tudo que nos cerca. Isso nos desvendará um mundo que não anda cegamente, mas tem por trás de si um plano, um projeto organizado, uma idéia definida que está sendo concretizada por meio das formas materiais. Uma das razões pelas quais as coisas nos parecem tão difíceis de compreender é que nos encontramos no meio de um período de transição, e o plano ainda se acha imperfeito; estamos muito próximos do mecanismo, sendo nós mesmos parte do todo. Vemos um pouco dele ali, outro pouco ali, mas a dimensão completa da idéia nos escapa. Poderemos ter uma visão, um alto relance da revelação, mas quando entramos em contato com a realidade em todos os seus aspectos, questionamos a possibilidade de concretização desse ideal, porque a relação inteligente entre a forma e quem a utiliza parece tão longe do equilíbrio.

A admissão do fator inteligência nos levará inevitavelmente à evolução da consciência, em suas múltiplas formas, desde os tipos de consciência que consideramos subumanas, passando pela humana, até a que pode ser considerada pela lógica (mesmo que não possa ser comprovada) como super-humana.

A questão seguinte com que nos defrontaremos será: o que há por trás de todos esses fatores? Existirá, por detrás das formas objetivas e da inteligência que as anima, uma evolução correspondente da faculdade egoica, do ego humano? Será a natureza, e tudo que vemos, a realização dos objetivos de um Ser auto-consciente? Se existe tal Ser, tal entidade fundamental, deveríamos poder perceber de algum modo Sua ação inteligente, e enxergar o Seu plano atuando no sentido da realização. Mesmo que não possamos provar que há um Deus, que a divindade existe, pode-se afirmar, pelo menos, que a hipótese de Sua existência é razoável, uma sugestão lógica, e uma solução possível para todos os mistérios que nos cercam. Mas para isso temos que demonstrar que existe um propósito inteligente atuando através de todas as formas, das raças e nações, e de tudo que vemos manifestado na civilização moderna; as etapas desse projeto e o desenvolvimento gradual desse plano precisam ser demonstrados, e a partir disso talvez possamos perceber o que nos aguarda ns próximas etapas.

Vamos inicialmente considerar o que queremos dizer com a expressão "processo evolutivo". É bastante usada, e o homem comum sabe que o termo "evolução" indica um desabrochar de dentro para fora, um desenvolvimento a partir do centro; mas precisamos definir com clareza essa idéia, estabelecendo um conceito melhor. Um das melhores definições com que já me deparei é a que conceitua a evolução como "o desenvolvimento de uma progressiva capacidade de dar respostas". Temos aí uma definição esclarecedora para o aspecto material da manifestação. Tem a ver com o conceito de vibração e a resposta a ela; e embora mais tarde tenhamos que descartar o termo "matéria" e empregar alguma outra alternativa, como "centro de força", o conceito ainda funciona, e a resposta desse centro à estimulação pode ser percebida ainda melhor.

Ao considerarmos a consciência humana, essa definição é muito útil. Traz a idéia de uma realização progressiva, de uma resposta gradual da vida interna ao meio em que se encontra, e termina nos conduzindo à idéia de uma Existência una, que seria a síntese de todos os aspectos da evolução, e à concepção de uma Vida, ou força, nuclear, que une e abarca todas as unidades em evolução, quer sejam unidades materiais, como o átomo do químico e do físico, ou unidades de consciência, como os seres humanos. Isso é a evolução, o processo que desenvolve a vida que existe no íntimo de todas essas unidades, o impulso de expansão que acaba por fundir todas as unidades e conjuntos, até chegarmos à soma total de toda a manifestação que pode chamar-se de Natureza, ou Deus, e que é o conjunto de todos os estados de consciência. Esse é o Deus a Quem o cristão se refere ao dizer: "nele vivemos, nos movemos e temos o nosso ser"; é a força, ou energia, que o cientista admite; e é a mente universal ou alma-máter do filósofo. É também a Vontade inteligente que tudo controla, preceitua, une, constrói, desenvolve, e conduz à perfeição total. É aquela Perfeição intrínseca à própria matéria, o impulso que se acha latente no átomo, no homem, e em tudo que existe.

Essa interpretação do processo evolutivo não o vê como resultante de uma Divindade exterior que derrama sua energia e sabedoria sobre um mundo expectante, mas sim como algo que é intrínseco ao próprio mundo, que jaz escondido no coração do átomo químico, no coração do homem, no planeta, e no sistema solar. É aquilo que tudo impulsiona para um objetivo, é a força que está gradualmente criando ordem do caos, a perfeição final da imperfeição temporária, o bem do mal aparente, e da escuridão e do infortúnio aquilo que um dia reconheceremos como sendo o belo, o certo e o verdadeiro. É tudo o que temos idealizado e concebido em nossos momentos melhores e mais elevados.

A evolução também já foi definida como "desenvolvimento cíclico", e essa definição me leva a uma idéia que gostaria muito que pudéssemos entender perfeitamente. A natureza se repete continuamente, até que certos objetivos definidos tenham sido alcançados, alguns resultados concretos sejam obtidos, e determinadas respostas vibratórias tenham sido dadas.[2]

Pode-se demonstrar o propósito inteligente desse processo. O método pelo qual é realizado é o da discriminação, ou escolha inteligente. Existem, nos textos de diversas escolas, vários termos que se utiliza para traduzir a mesma idéia, como "seleção natural" ou "atração e repulsão". Gostaria, se possível, de evitar termos técnicos, porque são usados por uma escola de pensamento significando determinada coisa, e por outra para algo diferente. Se pudermos achar um termo de sentido similar, mas não vinculado a qualquer linha de pensamento específica, poderemos lançar uma nova luz sobre o problema. No sistema solar, atração e repulsão significam simplesmente a faculdade de discriminação do átomo e do homem, manifestada nos planetas e no Sol. Nós a encontramos em todos os tipos de átomos; podemos chamá-la, se quisermos, de

2 É possível lembrar que a lei do carma atua "automaticamente" em resposta às vibrações produzidas no íntimo das criaturas, e não apenas a seus atos exteriores. E que os avanços evolutivos se medem pelo nível das respostas vibratórias que conseguimos oferecer às situações que nos são trazidas, de forma recorrente, vida após vida, até que aprendamos a dar a resposta que nos gradua para um nível mais alto (N.T.).

adaptação, ou a capacidade de crescimento e adaptação de uma unidade ao seu meio, pela rejeição de determinados elementos e a aceitação de outros. No homem, manifesta-se como livre-arbítrio, ou a capacidade de escolha, e no homem espiritualizado manifesta-se como o impulso de sacrifício, pois a criatura então escolhe uma forma de agir que beneficie o grupo a que pertence, e rejeita o que é puramente egoísta.

Finalmente, podemos conceituar a evolução como transformação organizada e mudança constante. Expressa-se na incessante atividade das unidades que são os átomos, na interação entre os grupos, e na constante atuação de uma força ou tipo de energia sobre a outra.

Vimos que a evolução, seja da matéria, da inteligência, da consciência ou do espírito, consiste numa capacidade crescente de responder às vibrações,[3] que se realiza através de mudanças contínuas, pelo exercício de uma tendência seletiva ou uso da faculdade de discriminação, e através do método de desenvolvimento cíclico ou repetição.

Os estágios que constituem o processo evolutivo podem ser divididos de forma geral em três, correspondendo aos estágios da vida humana: infância, adolescência e maturidade. No que tange ao homem, esses estágios podem ser identificados na unidade que é o ser humano ou nas raças; e à medida em que as civilizações passam e crescem,

3 Uma pessoa egoísta é apenas aquela que ainda não consegue perceber e responder às vibrações do nível que chamamos de altruísmo, por exemplo; o ganancioso não alcança a freqüência vibratória da generosidade; pelo desenvolvimento da consciência, ou faculdade de discriminação, no retorno cíclico das lições da vida, amplia-se a freqüência vibratória, a amplitude consciencial – aquilo que as religiões conceituam como transformação do "mal" em "bem". (N.T.)

é possível identificar os mesmos três aspectos na família humana como um todo, e dessa forma darnos conta do objetivo divino, pela análise de Sua imagem ou reflexo – o HOMEM. Podemos expressar esses três estágios em termos mais científicos, e relaciona-los com as três linhas de pensamento a que já nos referimos, considerando-os como:

O estágio atômico da energia
O estágio da coesão grupal
O estágio da existência unificada ou sintetizada.

Vou tentar esclarecer melhor. O estágio atômico da energia é, em termos amplos, o que se refere ao aspecto material da vida, e corresponde ao período infantil na vida do indivíduo ou de uma raça. É a época do realismo, da atividade intensa, do desenvolvimento através da ação acima de tudo, totalmente auto-centrado e voltado para si. Resulta na visão materialista, e conduz inevitavelmente ao egoísmo. Implica numa noção do átomo como fechado em si próprio, e de forma análoga, do átomo humano como detentor de uma vida à parte, separada de todos os outros, e sem relação com eles. Esse estágio pode ser identificado nas raças pouco evoluídas do planeta, nas crianças pequenas, e naqueles que são pouco evoluídos. São geralmente auto-centrados; suas energias são dirigidas para sua própria vida; ocupam-se com o que é objetivo e tangível; caracterizam-se por um egoísmo necessário e protetor. É um estágio muito necessário no desenvolvimento e perpetuação da raça.

A partir desse estágio atômico egocêntrico, desenvolve-se outro, o da coesão grupal. Significa a construção de formas e espécies, até chegar a um todo coeso e distinto, mas composto de muitas individualidades e formas menores. No ser humano, corresponde ao despertar de sua noção de responsabilidade, do reconhecimento de seu lugar dentro do coletivo. Requer, de sua parte, a capacidade de reconhecer uma vida maior do que ele próprio, quer seja chamada de Deus, ou apenas considerada como a vida do grupo a que ele, como uma unidade, pertence – aquela grande Entidade de que cada um de nós é parte. Corresponde àquela escola de pensamento a que denominamos sobrenatural, e mais tarde deve ser seguida por uma conceituação mais verdadeira e mais ampla.

Como já vimos, o primeiro estágio, o atômico, evolui por meio do egoísmo ou a existência autocentrada do átomo (seja o átomo material ou o humano); o segundo estágio evolui para a perfeição pelo sacrifício da unidade pelo bem comum, e do átomo pelo grupo a que pertence. Desse estágio conhecemos muito pouco até agora, e é o que muitas vezes visualizamos e a que aspiramos.

O terceiro estágio está muito distante, e pode ser considerado por muitos como uma quimera vã. Mas alguns de nós têm uma visão dele que, mesmo se no presente for inatingível, é logicamente possível se nossas premissas forem corretas, e nossos fundamentos bem colocados. É o estágio da existência una. Não temos apenas, aqui, as unidades de consciência separadas, os átomos diferenciados (individualizados) no interior das formas, nem só o grupo formado por múltiplas individualidades, mas haverá a união de todas as formas, de todos os grupos e de todos os estados de consciência, misturados, unificados e sintetizados num todo perfeito. A esse todo pode-se denominar sistema solar, natureza, ou Deus. Os nomes não importam. Corresponde ao estágio adulto do ser humano; é análogo ao período da maturidade, à época em que se espera que o homem já tenha um objetivo e uma atividade definidos na vida, um projeto bem delineado que está buscando concretizar com sua inteligência.

Nestas palestras gostaria, se possível, de mostrar que algo semelhante acontece no sistema solar, no planeta, na humanidade, e no átomo. Acredito que poderemos provar que há uma inteligência subjacente a tudo quanto existe; e que da separação chegaremos à unidade, pela união e absorção na estrutura grupal, e finalmente irá surgir de todos os grupos um todo perfeito, plenamente consciente, composto por miríades de entidades separadas, animadas por um único propósito e uma só vontade.

Se assim for, qual será a próxima atitude prática a ser tomada por aqueles que chegaram a essa compreensão? Como poderemos aplicar de forma prática esse ideal em nossas vidas, e determinar qual o nosso dever imediato, para que possamos participar desse plano de forma consciente? Temos nossa pequena parte a desempenhar no processo cósmico, e a cada dia deveríamos realizar nosso papel de forma inteligente e consciente.

Nossa primeira meta deveria, com certeza, ser a auto-realização mediante o exercício da discriminação; devemos aprender a pensar por nós mesmos com clareza, formular nossos próprios pensamentos e conduzir nossos processos mentais; devemos aprender a saber o que pensamos e por que, para chegar ao sentido do que é consciência grupal, pelo estudo da lei de sacrifício. Devemos, não apenas atravessar o primeiro estágio infantil do egoísmo (que devemos ter deixado para trás), não só aprender a distinguir entre o real e o irreal, usando a discriminação, mas tentar sair dele para algo melhor. O nosso objetivo imediato deve ser encontrar um grupo a que possamos pertencer. Não pertencemos a todos os grupos, nem podemos conscientemente saber qual é o nosso lugar no grande Organismo, mas podemos encontrar um grupo a que possamos pertencer, um conjunto de pessoas com as quais possamos colaborar e trabalhar, um irmão ou irmãos a quem possamos auxiliar e assistir. Isso requer a conscientização do ideal de fraternidade, e – até que tenhamos evoluído para o estágio da consciência universal – requer que encontremos um grupo específico de irmãos a quem possamos amar e auxiliar por meio da lei de sacrifício e pela transmutação do egoísmo em serviço amoroso. Dessa forma poderemos colaborar com o propósito coletivo, e participar da missão do grupo.

2ª Conferência

A evolução da substância

É óbvio que numa série de palestras como estas seria de todo impossível tratar de forma adequada esse tema extraordinário, mesmo que eu fosse capaz de discorrer sobre um assunto essencialmente científico. Pois, repetindo, se a ciência tivesse conclusões definitivas sobre a evolução da matéria, mesmo assim o assunto seria vasto demais para ser abarcado; mas não tem, e com isso o assunto se complica. Portanto, desejo iniciar nesta noite dizendo que meu objetivo é dirigir-me especialmente àqueles que não têm formação científica de qualquer espécie, e oferecer-lhes uma noção geral das idéias comumente aceitas; pretendo fazer, também, algumas sugestões que podem ser úteis para levar nossas mentes a considerar esse grande problema da matéria.

Em geral, quando se trata do aspecto "matéria" da manifestação, é como algo aparte, e só ultimamente tem sido trazido à reflexão do público o que se poderia chamar de "psicologia da matéria", com as investigações e conclusões dos cientistas de mente mais aberta.

Devem lembrar que na semana passada eu

procurei mostrar, de forma ampla e geral, que existem três tipos de abordagem ao estudo do universo material. Existe aquela que só considera o aspecto material, e se ocupa apenas com o que pode ser visto, que é tangível e pode ser provado. A segunda é a do sobrenatural, que não reconhece tanto o aspecto material das coisas como o chamado de divino; trata do aspecto vida, e do espírito, considerando a vida como uma força estranha ao sistema solar e ao homem, e entendendo essa força como um grande Agente criador, que cria e conduz o universo objetivo, e está fora dele. Esses dois sistemas de pensamento são adotados pelo cientista francamente materialista, o cristão ortodoxo e o deista de qualquer crença.

Apontei a seguir uma outra forma de abordagem do problema, a que chamamos de visão idealista. Ela reconhece as formas materiais, mas também enxerga a vida que as anima, e postula uma Consciência ou Inteligência que está evoluindo através das formas exteriores. Perceberão que essa é a linha que irei salientar e a que darei ênfase nestas palestras. Afinal, nenhum palestrante poderá dissociar-se por completo de seu ponto de vista próprio, e nestas palestras eu me propus seguir essa terceira abordagem, pois para mim ela sintetiza as outras duas, e acrescenta alguns conceitos que, unidos a essas duas, formam um todo coerente. Cabe-lhes decidir se esse terceiro ponto de vista é lógico, razoável e claro.

O aspecto mais comum da vida, para todos nós, é o mundo material – esse que podemos ver e contatar por meio dos cinco sentidos, e que é chamado, pelos pensadores metafísicos, de "não-eu", ou que é objetivo para todos nós. Como sabemos, a tarefa do químico consiste em reduzir todas as substâncias conhecidas a seus elementos mais simples, e há não muito tempo se soube que isso já tinha sido realizado de forma satisfatória. As conclusões dos químicos situaram a quantidade de elementos conhecidos entre setenta e oitenta.[1] Há cerca de vinte anos atrás, contudo (em 1898) descobriu-se um novo elemento, que se chamou de rádio, e essa descoberta revolucionou totalmente o conceito geral acerca da matéria e da substância. Se forem buscar os textos do século passado ou consultar os dicionários, procurando uma definição de átomo, por exemplo, normalmente vão encontrar uma citação de Newton. Ele definiu o átomo como "uma partícula sólida, indivisível e última", algo incapaz de ser subdividido. Era considerado o átomo final do universo, e era chamado, pelos cientistas da era vitoriana, de "a pedra fundamental do universo"; achavam que tinham ido tão longe quanto era possível, e que haviam descoberto o que havia atrás de toda manifestação e do mundo objetivo. Mas quando o rádio e outras substâncias radioativas foram descobertas, tiveram que confrontar um aspecto inteiramente novo. Ficou evidente que o que se considerava como a partícula final em absoluto não era isso. A definição atual de átomo (cito o *Standard Dictionary*) é:

"Um átomo é um centro de força, uma fase dos fenômenos elétricos, um centro de energia ativo em sua estrutura interna, que fornece energia, calor ou radiação".

---

1 Atualmente já são em número de ......, incluindo os chamados elementos artificiais (N.T.)

Portanto, um átomo é (como Lord Kelvin, em 1867, pensou que seria) um vórtice circular ou centro de força, e não uma partícula ou o que entendemos por matéria tangível. Essa partícula ultima da matéria agora se apresenta composta de um núcleo positivo de energia, cercado – como o Sol por seus planetas – por muitos elétrons ou corpúsculos negativos, dividindo assim o átomo anterior da ciência em vários outros componentes. Os elementos químicos se diferenciam conforme o número e a posição desses elétrons negativos em torno do núcleo positivo, que giram ou se movem em torno dessa carga elétrica central assim como nosso sistema planetário gira em torno do Sol. O professor Soddy, em um de seus últimos livros, observou que no átomo pode se ver um sistema solar completo – o sol com os planetas girando em suas órbitas em torno dele.

Fica evidente para qualquer um que quando se adota esse conceito de átomo surge uma noção totalmente nova de matéria. Afirmações dogmáticas, portanto, não funcionam, porque nos damos conta de que as próximas descobertas podem revelar que os próprios elétrons podem ser mundos dentro de outros mundos. Pode-se encontrar uma reflexão interessante a esse respeito numa obra de um de nossos cientistas, que sugere que poderíamos conseguir a divisão e a subdivisão do próprio elétron no que ele denomina de "psiquons", e assim chegar a níveis que hoje não são considerados físicos. Pode ser apenas um sonho,[2] mas a idéia que estou

2 Hoje, os estudos avançados de astrofísica já concluíram pela existência do que se chamou de "matéria escura" – uma quantidade de matéria cuja existência se verifica imprescindível à dinâmica cósmica, respondendo por 95% de toda a matéria do cosmo; conclui-se que ela existe, só não se sabe detectar onde. A resposta

tentando trazer a nossas mentes é que sabemos tão pouco em termos científicos quanto nas esferas religiosa e econômica. Tudo está passando por uma período de transição; a velha ordem mudou; a antiga visão das coisas revelou-se falsa ou inadequada; as velhas formas de pensamento ficaram inúteis. Só o que o homem sábio pode fazer neste momento é guardar sua opinião, verificar por si mesmo o que lhe parece ser verdadeiro, e tentar conciliar esse aspecto da verdade universal como que é aceito por seus irmãos.

Pode-se considerar, pois, que o átomo é composto de elétrons, e descrevê-lo em termos de força ou energia. Quando se tem um centro de energia ou atividade, isso implica numa noção dupla: aquilo que é a causa do movimento ou energia, e aquilo que ele energiza ou sobre o que atua. Isso nos conduz diretamente ao campo da psicologia, porque a energia ou força é sempre considerada uma qualidade, e quando temos uma qualidade, estamos na realidade tocando o campo dos fenômenos psíquicos.

Há certos termos que aparecem seguidamente, quando tratamos da matéria, e sobre os quais há grande diversidade de definições. Ao consultar uma obra científica, na semana passada, fiquei desanimada ao ver que o autor declarava que o átomo do químico, do físico, do matemático e do metafísico são quatro coisas totalmente diversas. Esse é um dos motivos pelos quais não se pode ser dogmático ao tratar essas questões. Contudo, certa ou errada, eu tenho uma hipótese bem definida para apresentar-lhes. Quando falamos do rádio, estamos com

---

seria provavelmente o nível etérico da matéria, ainda físico, mas não denso – ignorado ainda pela ciência atual, como pela da época desta obra(N.T.)

toda a probabilidade adentrando o reino da matéria etérica,[3] a região do éter ou protilo. Protilo foi um termo inventado por Sir William Crookes, que o define como segue:

"Protilo é uma palavra análoga a protoplasma, para indicar a idéia da matéria primitiva original, antes da evolução dos elementos químicos. O termo que ousei utilizar para tal provém da palavra grega "antes de", e "aquilo de que são feitas as coisas".

Estamos, por conseguinte, levando o conceito de matéria ao ponto em que a escola oriental sempre o colocou, como a coisa primordial, o que os orientalistas chamam de "éter primordial", embora devamos lembrar sempre que o éter da ciência está a muitos graus de distância do éter primordial do ocultista oriental. Este nos leva àquele algo intangível que é a essência das coisas concretas que podemos ver, tocar e com as quais podemos lidar. O termo "substância" significa literalmente aquilo que "está por trás", que fica por trás das coisas. Por conseguinte, só o que podemos asseverar a respeito do éter do espaço é que ele é o agente pelo qual a energia ou força opera, ou se faz sentir. Ao falarmos, nestas palestras, em energia e força, e em matéria e substância, podemos separá-las mentalmente da seguinte forma: ao falarmos de energia e substância, estamos tratando do que é até agora

3 No sentido de que o rádio, como os outros elementos radioativos, emite radiações – que constituem simplesmente a projeção de partículas ou ondas (radiações alfa, beta e gama), que não pertencem aos três estados clássicos da matéria (sólido, líquido, gasoso) mas a um outro – o estado radiante, descoberto por William Crookes, que é a última fronteira da matéria densa, já limítrofe da etérica; à época da obra, mal começava a ser estudado. O elemento radiativo perde partículas, se desintegra, e se transforma em outro – o que configura uma "desmaterialização" ou "transmutação" desses elementos, numa espécie de "fronteira da matéria" (vide ***A Grande Síntese***, de Pietro Ubaldi). (N.T).

intangível; e falamos de força e matéria ao tratar do que é objetivo, e que nossos cientistas estão inequivocamente estudando. A substância é o éter em seus diversos níveis[4], e é o que existe por trás da matéria.

Quando tratamos da energia, precisamos saber aquilo que produz a energia, que é a fonte dela, a origem dessa força que atua na matéria. É isso que desejo salientar. De onde vem essa energia, e o que é ela?

Os cientistas estão reconhecendo cada vez mais claramente que o átomo possui qualidades, e seria interessante se tomássemos as diversas obras científicas que tratam da matéria atômica, e observássemos quantos dos muitos e diversos termos aplicados aos átomos o poderiam ser também aos seres humanos. Eu tentei isso, em pequena escala, e achei muito esclarecedor.

Em primeiro lugar, diz-se que o átomo possui energia e a capacidade de mudar de uma forma de atuação para outra. Um autor observa que "uma total inteligência palpita em cada átomo do mundo". A propósito, gostaria de citar o que um entrevistador relata que Édison declarou ao ***Harper's Magazine*** de fevereiro de 1890, e foi ampliado do ***Scientific American*** de outubro de 1920. Na primeira ocasião, ele declarava:

> Não acredito que a matéria seja inerte, dirigida por uma força exterior a ela. A mim parece que cada átomo possui um certo nível de inteligência primária. Vejase as milhares de formas pelas quais os átomos de hidrogênio se combinam com

4 Hoje diríamos: "matéria etérica". (N.T.)

os de outros elementos, formando as mais diversas substâncias. Vão dizer que eles fazem isso sem inteligência? Os átomos, quando em relações harmoniosas e úteis, assumem formas e cores belas e interessantes, ou exalam um perfume agradável, como expressando satisfação... agrupados em determinadas formas, os átomos constituem os animais de espécies mais simples. E por fim se combinam no homem, que representa a inteligência total de todos os átomos.

"Mas de onde provém originalmente essa inteligência?" indagou o entrevistador.

"De um poder maior do que nós", respondeu Édison.

"O senhor acredita então num Criador inteligente, um Deus pessoal?"

"Certamente. A existência desse Deus pode, a meu ver, ser provada pela química".

Na extensa entrevista da ***Scientific American***, Édison colocou diversas conjecturas muito interessantes, das quais selecionei as seguintes:

> A vida, assim como a matéria, é indestrutível.
>
> Nossos corpos são compostos por miríades de entidades infinitesimais, cada uma sendo uma unidade de vida; assim como o átomo é composto por miríades de elétrons.
>
> O ser humano atua mais como um conjunto que como uma unidade; o corpo e a mente expressam a vontade ou a voz

> dessas entidade vivas.
>
> Essas entidades vivas constroem de acordo com um projeto. Se uma parte do organismo vivo é mutilada, eles a reconstroem exatamente como antes...
>
> A ciência admite a dificuldade de traçar uma linha entre o que é inanimado e animado; talvez essas entidades vivas estendam sua atuação aos cristais e às substâncias químicas...
>
> Essas entidades vivem para sempre; e nesse sentido, pelo menos, a vida eterna que muitos desejam é uma realidade.

Em uma alocução feita por Sir Clifford Allbut, presidente da *British Medical Association*, que consta do *Literary Digest* de 26 de fevereiro de 1921, ele fala da habilidade de escolha e rejeição dos micróbios, e no decurso de suas observações, diz;

> Quando o micróbio se encontra no corpo do hospedeiro, pode estar sintonizado ou totalmente dessintonizado com qualquer uma ou todas as células de que se aproxima; em qualquer desses casos provavelmente nada patológico ocorrerá... os eventos mórbidos ocorreriam entre esse micróbio e células do corpo a seu alcance mas não sintonizadas com ele. Temos motivos para supor que um micróbio, ao aproximar-se de uma célula do corpo fora de seu alcance, pode tentar de todas as formas atingi-la. Se isso acontecer, o micróbio, a princípio inócuo, tornase nocivo. Por outro lado, as células do

corpo podem treinar-se para vibrar em harmonia com um micróbio antes dissonante; ou pode haver trocas e adaptação mútuas...

Se assim for, com certeza estaremos diante de uma qualidade maravilhosa e de longo alcance: a faculdade de escolha que vai desde as profundezas biológicas até a máxima faculdade formativa – a auto-determinação, ou se quiserem, a mente.

Em 1895, Sir William Crookes, um de nossos maiores cientistas, pronunciou uma interessante conferência para um grupo de químicos na Grã-Bretanha, na qual tratou da capacidade do átomo de escolher, rejeitar e selecionar, e mostrou que a seleção natural pode ser observada em todas as formas de vida, do átomo primordial a todos os tipos de seres.

Em outro artigo científico, se considera ainda que o átomo possui também sensações.

"O recente debate sobre a natureza dos átomos, que devemos considerar de uma forma ou outra como os últimos de todos os processos físicos e químicos, pode ser facilmente resolvido se admitirmos que esses corpos fugazes possuem – como centros de força – uma alma permanente, que todos os átomos possuem sensação e capacidade de movimento."

De forma análoga, Tyndall observou que os átomos parecer ter "instinto de viver"

Se tomarmos essas várias qualidades do átomo – energia, inteligência, capacidade de escolher e rejeitar, atrair e repelir, sensação, movimento e desejo – teremos algo muito semelhante à psicologia do ser humano, apenas num âmbito mais limitado e num grau mais restrito. Não teríamos chegado ao que se pode denominar de "psiquismo do átomo"? Vimos que o átomo é uma entidade viva, um pequeno mundo vibrante, e que dentro de sua esfera de influência acham-se outras pequenas vidas, de forma muito parecida conosco, que somos, cada um de nós, uma entidade ou núcleo positivo de força ou vida, mantendo dentro de nossa esfera de atuação outras vidas menores, isto é, as células de nosso corpo. O que se pode dizer de nós pode ser dito, em outro nível, do átomo.

Vamos ampliar um pouco mais nossa noção do átomo, e tocar o que pode ser fundamentalmente a causa e talvez a solução para os problemas do mundo. Esse conceito do átomo como uma expressão de energia positiva, mantendo em sua esfera de ação seu pólo oposto, pode ser estendido não só a todos os tipos de átomos, mas também aos seres humanos. Podemos considerar cada componente da humanidade como um átomo humano, pois o homem é simplesmente um átomo maior. É um centro de força positiva, que mantém na periferia de sua esfera de influência as células de seu corpo; que demonstra discriminação, inteligência e energia. A diferença está apenas no grau. Ele possui uma consciência mais ampla, e vibra numa extensão maior que o átomo químico.

Podemos ampliar ainda mais essa idéia e considerar o planeta como um átomo. Talvez haja uma vida no interior do planeta, que mantenha a matéria de sua esfera e todas as formas de vida sobre ela como um todo harmônico, e tenha um determinado limite de atuação. Isso pode parecer uma especulação ousada, mas julgando por analogia, poderá existir, talvez, no interior da esfera planetária, uma Entidade cuja consciência esteja tão distante da do homem quanto a consciência deste esteja da do átomo químico.[5] Esse raciocínio pode ser levado ainda mais além até incluir o átomo do sistema solar. Ali, no coração do sistema – o Sol – temos o centro positivo de energia, que mantém os planetas dentro de sua esfera de atuação. Se temos no interior do átomo uma inteligência; se temos dentro do ser humano uma inteligência; se temos no interior do planeta uma Inteligência controlando todas as suas funções, não seria lógico ampliar essa noção e postular uma Inteligência ainda mais alta por trás desse átomo maior, o sistema solar?

Isso termina por conduzir-nos à perspectiva que os religiosos sempre tiveram, a da existência de um Deus ou Ser Divino. Ai onde o cristão ortodoxo diria com reverência "Deus", o cientista com análoga reverência diria "energia"; e ambos estariam dizendo a mesma coisa. Onde o instrutor idealista falaria de "Deus no interior da forma humana", outros, com a mesma exatidão, falariam da "capacidade energética" do homem, que o impele a agir física, emocional e mentalmente. Encontraríamos centros de força em toda parte, e essa noção pode ser ampliada desde o centro de força do átomo químico, para diante e para cima, através de

5 Essa noção ancestral do Espírito ou Logos Planetário, subordinado ao Logos Solar, sempre foi ensinada pelos iniciados em todos os tempos e lugares. Vide o capítulo "Jesus de Nazaré e o Cristo Planetário", da obra *O Sublime Peregrino*, e o capítulo "Os Engenheiros Siderais e o Plano da Criação, de ***Mensagens do Astral***, ambas de Ramatís, **EDITORA DO CONHECIMENTO**.

diversos graus e conjuntos de centros inteligentes, até o homem e além, para a Vida que se manifesta através do sistema.

Assim se verifica a existência de um Todo magnífico e abrangente. São Paulo devia ter algo assim em mente quando falou do Homem Celeste. Por "corpo de Cristo" ele sem dúvida queria significar todos os membros da humanidade que existem dentro de Sua esfera de atuação, e que constituem o Seu corpo, assim como a conjunto de células físicas forma o corpo físico do homem. O que precisamos, neste momento de redespertar religioso, é que se demonstre que essas verdades fundamentais do cristianismo são realidades científicas. Precisamos tornar a religião científica.

Existe um texto sânscrito muito interessante, de muitos milhares de anos, que vou arriscar-me a citar aqui. Diz ele:

"Todas as formas do mundo, e cada partícula (átomo) do espaço, luta com esforço para se autoformar, e seguir o modelo traçado para si pelo Homem Celeste. A involução e a evolução do átomo... têm um único e mesmo objetivo: o homem".

Percebem que grande esperança esse conceito nos descortina? Nenhum átomo de matéria que possui inteligência, discriminação e capacidade seletiva latentes deixará, no decurso dos éons, de atingir esse estado de consciência mais avançado que chamamos de humano. Com certeza, pois, pode-se supor que o átomo humano também esteja evoluindo para um estágio de consciência ainda mais amplo, e finalmente atinja o nível de desenvolvimento daqueles grandes Seres cujos corpos são átomos planetários; e para eles, também, o que existirá? Atingir aquele estágio de consciência oniabarcante a que chamamos Deus, ou o Logos Solar. Sem dúvida essa noção é lógica e prática. O velho preceito oculto que dizia ao homem: "Conhece-te a ti mesmo, porque em ti se encontra tudo o que existe para ser conhecido", ainda é a regra para o estudante sensato. Se cada um de nós nos considerássemos cientificamente como centros de força que mantêm a matéria de nossos corpos dentro de nossa esfera de controle, assim trabalhando neles e através deles, teríamos uma hipótese com a qual se poderia interpretar todo o esquema cósmico.

Se, como diz Einstein, o nosso sistema solar todo é apenas uma esfera, isso reforça a conclusão de que ele, por sua vez, não é mais que um átomo cósmico; e assim nos situaríamos dentro de um esquema ainda mais amplo, com um centro em torno do qual o nosso sistema gira, e para o qual seria o que o elétron é para o átomo. Dizem os astrônomos que o nosso sistema inteiro acha-se provavelmente girando em torno de um ponto central no espaço. Dessa forma, a idéia fundamental que eu queria salientar pode ser seguida cosmo acima, de átomo da química e da física ao homem, à Vida que sustenta um planeta, até o Logos, a divindade de nosso sistema solar, a inteligência ou Vida que existe por trás de todas as manifestações da natureza, e além, para um esquema ainda maior, no qual mesmo esse nosso Deus tem que representar o seu papel e ocupar um lugar.[6] Se

6 "O Logos Solar interpenetra todo o cortejo de vosso sistema, e vós viveis mergulhados em sua Essência Imortal, assim como ele também se situa na aura de outro espírito imensurável (o Logos Galático) que sucessivamente se liga a outro, até (...) Deus, que é a última e absoluta Consciência Universal" – Ramatís, cap. "Os Engenheiros Siderais e o Plano da Criação" de *Mensagens do Astral*, **EDITORA DO CONHECIMENTO**.

isso é verdade, é uma perspectiva maravilhosa.

Não poderei tratar, nesta noite, do desenvolvimento particular dessa inteligência que anima cada átomo, mas gostaria de considerar brevemente o que talvez seja o seu método de evolução, a partir da perspectiva humana (que nos diz respeito mais de perto), lembrando sempre que o que é verdade para um átomo deverá ser também, em maior ou menor grau, para todos.

Ao considerarmos de forma geral os átomos do sistema solar, inclusive o próprio sistema, percebemos duas coisas: primeiro, a intensa vida e atividade do átomo em si, e sua energia atômica interna; e segundo, sua interação com outros átomos, repelindo alguns e atraindo outros. Podemos então, talvez, deduzir desses fatos que o método de evolução dos átomos se baseia em dois fatores: a vida interna do próprio átomo e sua interação ou relacionamento com outros átomos. Esses dois aspectos podem ser percebidos na evolução do átomo humano.

O primeiro foi ressaltado pelo Cristo quando disse: "O reino de Deus está dentro de vós", indicando assim aos átomos humanos o centro de vida e energia existente dentro deles, e ensinando-lhes que a partir e através desse centro deveriam expandir-se e crescer. Todos nós temos consciência de que somos focados em nós mesmos; avaliamos tudo de nosso ponto de vista, e os acontecimentos exteriores nos interessam na medida em que nos dizem respeito. Lidamos com as coisas quando nos atingem pessoalmente, e em certo estágio de nossa evolução, o que acontece com os outros só é importante se nos afetar. É o estágio em que muitos se encontram, e característico da maioria; é um período de intenso individualismo, em que a noção do "eu" é de fundamental importância. Implica em muita atividade interna.

A segunda maneira pela qual o átomo se desenvolve é pela interação com os outros átomos, e isso é algo que recém está começando a surgir na mente humana, assumindo sua real importância. Estamos recém começando a dar-nos conta do significado relativo da competição e da cooperação, e chegando a compreender que não podemos viver de forma egoísta e separada do grupo a que pertencemos; estamos começando a ver que se nosso irmão se atrasa e não está progredindo, e se os demais átomos humanos não estão vibrando como deveriam, todos os átomos do conjunto são afetados. Nenhum de nós será completo até que todas as outras unidades tenham alcançado seu pleno e total desenvolvimento.

Na próxima semana desenvolverei mais essa idéia, quando tratar da construção da forma. Desejo apenas, chegando ao final desta palestra, trazer-lhes à consciência uma reflexão sobre o lugar que cada um de nós ocupa no esquema geral, permitindo-nos compreender a importância da interação que se dá entre os átomos. Busco indicar a necessidade de encontrarmos um lugar no grupo a que pertencemos naturalmente (no qual somos como os elétrons em relação à carga positiva do núcleo), e realizarmos nossa tarefa dentro desse átomo maior, que é o grupo.

Isso faz com que nossa hipótese não seja apenas um sonho grandioso, mas um ideal de utilidade prática. É um fato que as células de nosso corpo, por exemplo, são os elétrons que nós mantemos unidos de forma organizada, e se nós somos o elemento que fornece energia, dentro da forma material, é de suma importância que reconheçamos esse fato, e lidemos de forma correta e científica com essas formas e seus átomos. Isso implica o cuidado com o corpo físico e a adequação sábia de nossa energia ao trabalho a ser feito, e à natureza de nosso objetivo; requer a utilização criteriosa desse conjunto de células que é nosso instrumento ou ferramenta, e é nossa esfera de manifestação. É algo de que até agora pouco se sabe. Quando essa idéia for desenvolvida, e o ser humano for reconhecido como um centro de força, a atitude das pessoas em relação a seu trabalho e modo de vida será substancialmente mudada. A perspectiva da medicina, por exemplo, será alterada, e se estudará os métodos adequados de utilizar a energia. A doença resultante da ignorância não existirá mais, e os métodos de transmitir a energia serão estudados e utilizados. Seremos, então, átomos inteligentes – algo que, até agora, não temos sido.

Seremos então, não apenas capazes de lidar com nossos corpos físicos, por entendermos sua constituição, mas assumiremos conscientemente o nosso lugar dentro do grupo, dirigindo nossa energia para beneficiá-lo, e não, como agora, para nossos fins pessoais. Muitos átomos não apenas têm uma vida interior própria, mas irradiam de si, e à medida que a radioatividade for progressivamente compreendida, também se fará o estudo do homem como um centro ativo de irradiação. Estamos presentemente chegando à beira de extraordinárias descobertas; aproximamo-nos de uma síntese maravilhosa do pensamento universal; caminhamos para o momento em que a ciência e a religião irão auxiliar-se mutuamente, e a filosofia dará sua contribuição para a compreensão da verdade.

O uso da imaginação muitas vezes irá descortinar magníficas visões, e se ela se basear no que é fundamental, e começar por uma hipótese lógica, talvez nos conduza à solução de alguns dos mistérios e problemas que preocupam o mundo hoje. Se as coisas são misteriosas e inexplicáveis para nós, talvez não seja devido a esse grande Ser que se manifesta por intermédio de nosso planeta, e que está realizando um plano e objetivo específicos, assim como vocês e eu em nossas vidas. Por vezes levamos nossos veículos físicos a determinadas situações que resultam em dificuldades, ao mesmo tempo dolorosas ou estressantes; se admitirmos a hipótese que estamos adotando, seria lógico supor que a nossa grande Inteligência planetária leva, da mesma forma, Seu corpo de manifestação (que inclui a humanidade) a situações penosas para seus átomos. É bastante lógico admitirmos que todos os mistérios que nos cercam estejam ocultos na vontade e no propósito inteligente dessa grande Vida que age através de nosso planeta, assim como o homem age por meio de seu corpo físico, e que, no entanto, é ele próprio apenas um átomo dentro de uma esfera ainda maior, onde reside o Logos Solar, a Inteligência que é a soma total de todas as vidas menores.

3ª Conferência

A evolução da forma, ou evolução grupal

Hoje desejo ampliar o conceito básico da unidade da consciência, ou inteligência, já desenvolvido parcialmente na última palestra, e estende-lo ainda mais.

Já se disse que toda a evolução parte da homogeneidade para a heterogeneidade, e volta para aquela; e já se afirmou que:

"A evolução é uma marcha sempre acelerada de todas as partículas do universo, que as conduz simultaneamente, por um caminho semeado de destruição, mas contínuo e ininterrupto, do átomo material até aquela consciência universal em que se realizam a onipotência e a onisciência; em suma, a realização integral do Deus absoluto."

Começa com aquelas entidades mínimas a que chamamos de moléculas e átomos, até seus conjuntos, que constituem as formas; e continua dessas formas para outras maiores, até que tenhamos a totalidade de um sistema solar. Tudo acontece dentro da lei, e as mesmas leis básicas dirigem tanto a evolução do átomo como a de um sistema solar. O macrocosmo se reflete no homem, o microcosmo, e este nos átomos menores.

Isso diz respeito, assim como a palestra anterior, essencialmente à manifestação material de um sistema solar, mas nas próximas vezes irei salientar principalmente o que podemos chamar de evolução psíquica: a manifestação gradual e o desabrochar da inteligência ou consciência latente que existe por trás das manifestações objetivas.

Como sempre, dividiremos esta palestra em quatro partes.

Inicialmente, trataremos do processo evolutivo, que neste caso específico será o da evolução da forma ou do grupo; após, do método de desenvolvimento grupal; a seguir enfocaremos os estágios percorridos no ciclo da evolução; e por fim encerraremos tentando, de forma prática, retirar de nossas conclusões algumas lições a serem aplicadas na vida diária.

A primeira coisa a fazer é considerar o que realmente é uma forma. Se formos ao dicionário, encontraremos a seguinte definição: "O formato externo ou configuração de um corpo". A ênfase aqui é sobre a exterioridade, a tangibilidade e a manifestação exotérica. Isso ressalta também da origem da palavra "manifestação". Provém de duas palavras latinas que significam "tocar ou segurar com a mão" (manus=mão, e fendere=tocar) e traz uma noção de que o que está manifestado é o que pode ser sentido, tocado e entendido como tangível.

No entanto, em ambas as interpretações se perde de vista a parte mais vital do conceito, e precisamos buscar uma definição mais verdadeira além.

Penso que Plutarco expressa de forma muito mais esclarecedora que o dicionário a idéia da manifestação do que é subjetivo por meio de uma forma objetiva. Diz ele:

"Um idéia é um ente incorpóreo, que não subsiste por si mesmo, mas confere aparência e forma à matéria informe, e torna-se a origem da manifestação".

Aqui temos uma frase bastante interessante, e com verdadeiro significado oculto. Merece estudo e consideração cuidadosos, pois contém um conceito que tem a ver não apenas com a pequena manifestação que é o átomo da química e da física, mas com todas as formas constituídas por ele, incluindo o ser humano e a Divindade de um sistema solar, aquela grande Vida, a Mente universal e oni-abarcante – vibrante centro de energia, consciência envolvente a que chamamos Deus, ou Logos – a Entidade que se expressa por meio do sistema solar. Na Bíblia cristã, São Paulo expressa a mesma idéia em uma carta à igreja de Éfeso. No segundo capítulo da Epístola aos Efésios, diz: "Nós somos feitura sua". A tradução literal correta do grego é: "Nós somos seu poema, ou idéia", e o que o apóstolo queria dizer é que através de cada vida humana,ou do conjunto de vidas que integram um sistema solar, Deus, por meio das formas, quaisquer que sejam, está concretizando uma idéia, um conceito, um poema definido. O homem é um pensamento corporificado; esse é o conceito implícito na definição de Plutarco. Portanto, temos aí a idéia de uma entidade auto-consciente, depois o pensamento ou propósito que essa entidade está tentando expressar, e finalmente, o corpo ou forma que é o resultado disso.

O termos Logos, traduzido como Palavra, é usado com freqüência no Novo Testamento, referindo-se a Deus. A passagem mais conhecida desse emprego é o primeiro capítulo do Evangelho de São João, onde encontramos: "No princípio era o Verbo, e o Verbo estava com Deus, e o Verbo era Deus". Analisemos por um momento o significado dessa expressão. A tradução literal é "a Palavra", que já foi definida como "a tradução, em uma expressão objetiva, de um pensamento oculto". Se tomarmos qualquer substantivo, ou um termo similar, e analisarmos seu significado objetivo, veremos que sempre nos vem à mente uma idéia específica, que inclui objetivo, intenção, ou algum conceito abstrato. Se esse mesmo método de análise for ampliado para abarcar a idéia da Divindade ou do Logos, pode-se clarear bastante essa abtrusa questão da manifestação de Deus, a Inteligência central, por meio da forma material, quer O vejamos manifestado através da minúscula forma do átomo químico ou de Seu gigantesco corpo físico a que chamamos de sistema solar.

Vimos em nossa palestra da semana passada que havia algo que se pode afirmar a respeito de todos os átomos, e que os cientistas de toda parte estão começando a reconhecer como uma característica peculiar deles. Percebeu-se que eles demonstram evidências de possuir mente, e uma forma rudimentar de inteligência. O átomo mostra a qualidade de discriminação, ou capacidade seletiva, e o poder de atração e repulsão. Pode parecer estranho o uso do termo inteligência para nos referirmos a um átomo químico, no entanto, a raiz da palavra contém perfeitamente essa idéia. Ela vem do latim inter=entre, e legere=escolher. Inteligência, portanto, é a capacidade de pensar ou escolher, de selecionar e discriminar. Na realidade, é aquele algo abstrato e inexplicável que existe por trás da grande lei de atração e repulsão, uma das leis básicas da manifestação. Essa faculdade essencial da inteligência caracteriza toda a matéria atômica, e também comanda a construção das formas, ou agregados de átomos.

Tratamos antes do átomo em si, mas não vimos como ele constrói as formas, ou a totalidade das formas que chamamos de um reino da natureza. Tratamos um pouco da natureza essencial do átomo, e de sua característica primordial de inteligência, e aquilo de que todas as diversas formas que conhecemos são feitas – as formas dos reinos mineral, vegetal, animal e humano. Da soma de todas as formas temos a totalidade da natureza, como é comumente entendida. Agora vamos ampliar nossa idéia, indo das formas individuais que constituem esses quatro reinos da natureza, e vê-las compondo essa forma maior que é o próprio reino, que assim consideraremos como uma unidade consciente, um todo homogêneo. Assim, pode-se considerar que cada reino da natureza oferece uma forma através da qual uma consciência de determinado tipo ou grau pode se manifestar. Assim, pois, o conjunto de formas animais compõe uma forma maior que chamamos de o próprio reino animal, o qual por sua vez se situa dentro de um corpo maior. Por meio desse reino uma vida consciente busca expressar-se, e através do conjunto desses reinos uma vida latente ainda maior procura manifestar-se.

Em todos esses reinos de que estamos tratando – mineral, vegetal, animal e humano – temos presentes três fatores, desde que a base de nosso raciocínio esteja correta: primeiro, o átomo original é uma vida em si mesmo; segundo, todas as formas são constituídas de uma multiplicidade de vidas, e assim resulta um conjunto integrado, por meio do qual uma entidade interna está concretizando seus objetivos; e terceiro, a vida interna que está dentro da forma é o impulso que a dirige, sua fonte de energia, a origem de sua atividade, e o que mantém a forma coesa numa unidade.

Essa idéia pode ser aplicada ao homem, por exemplo. Para os fins desta palestra, o homem pode ser definido com aquela energia, vida ou inteligência central que atua através de uma manifestação ou forma material composta de miríades de vidas menores.

A respeito disso tem sido notado com freqüência um curioso fenômeno que ocorre no momento da morte; foi-me relatado alguns anos atrás por uma das enfermeiras de bloco cirúrgico mais conceituadas da Índia. Ela tinha sido atéia durante muito tempo, mas começou a questionar as bases de sua descrença depois de presenciar várias vezes o fenômeno. Disse-me que no momento da morte, muitas vezes enxergava um raio de luz saindo do alto da cabeça da pessoa, e num caso especial (o de uma jovem de grande espiritualidade, com uma vida muito pura e santificada) pareceu que a sala tinha se iluminado por um momento como por uma luz elétrica. E também, há não muito tempo atrás, alguns dos médicos mais conceituados de uma grande cidade do Meio Oeste dos Estados Unidos receberam uma carta de um pesquisador que indagava se poderiam informar terem notado qualquer fenômeno peculiar no momento da morte. Alguns responderam, dizendo que haviam observado uma luz azulada saindo do alto da cabeça, e um ou dois acrescentaram que haviam escutado um estalido na região da cabeça. Nesse último caso temos a confirmação do que diz o Eclesiastes, que fala do desprendimento do cordão prateado, quando se parte o laço magnético que une a entidade encarnada, o pensador, a seu veículo de expressão. Nos dois casos acima descritos temos, ao que parece, um testemunho ocular do afastamento da luz ou vida diretora, com a conseqüente desintegração da forma, e a dispersão das miríades de vidas menores.

Parece portanto para alguns uma hipótese lógica que, assim como o átomo da química é uma minúscula esfera, ou forma, com um núcleo positivo que mantém girando em torno de si os elétrons negativos, todas as formas de todos os reinos da natureza possuam uma estrutura similar, diferindo apenas em grau de consciência e inteligência. Podemos, portanto, considerar esses reinos como a expressão física de uma grande vida invisível, e por um raciocínio lógico admitir que cada membro da humanidade é um átomo daquela entidade maior que é chamada em algumas escrituras de "O Homem Celeste". Assim, chegaremos finalmente à noção de que o sistema solar é o conjunto de todos os reinos e formas que o compõem, e é o Corpo de um Ser que se manifesta através dele, utilizando-o para concretizar um objetivo específico, uma idéia essencial.[1] Em todas essas expressões de nossa hipótese, vemos a mesma triplicidade: uma Vida ou Entidade que anima, manifestada através de uma forma ou multiplicidade de formas, e demonstrando possuir

---

1 O sistema de globos, satélites e asteróides em torno do Sol significa o corpo astrofísico do Logos Solar, que é apenas o prolongamento ou emanação dele; (...) a sua aura abrange todo o sistema, desde o protozoário na gota d'água até os orbes rodopiantes. Vós vos nutris nele e também materializais a sua vontade na matéria". – Ramatís, cap. "Os Engenheiros Siderais e o Plano da Criação" de *Mensagens do Astral*, **EDITORA DO CONHECIMENTO**.

uma inteligência seletiva.

Não poderemos nos alongar sobre o método pelo qual as formas são construídas, nem sobre o processo evolutivo que combina átomos em formas, e estas naquela unidade maior a que denominaremos reinos da natureza. Esse processo pode ser resumido sucintamente em três princípios:

– Involução, quando a vida interior mergulha na matéria, método pelo qual a Entidade interna cria para si um veículo de manifestação;

– Evolução, a utilização da forma pela vida interna, o aperfeiçoamento gradual daquela, e a libertação final da vida ali aprisionada;

– A Lei de atração e repulsão, pela qual a matéria e o espírito interagem, a vida interior adquire experiência, expande sua consciência, e utilizando essa forma, obtém auto-conhecimento e autocontrole.

Tudo progride de acordo com uma lei básica. Em todas as formas existe uma vida interna, ou idéia, manifestando-se e mergulhando cada vez mais na substância, revestindo-se de uma forma e aparência adequadas a suas necessidades e exigências, utilizando essa forma como um meio de expressão, e mais tarde – com o passar do tempo – libertando-se da forma para obter outra mais adequada às suas necessidades. Assim, através de todos os níveis da forma, o espírito ou vida progride, até percorrer todo o caminho de retorno e chegar ao ponto de origem. Este é o sentido da evolução, e aqui se encontra o segredo da encarnação cósmica. Ao final, o espírito se emancipa da forma, e atinge a libertação, juntamente com um estágio psíquico avançado e uma expansão superior de consciência.

Vamos analisar por alto esses estágios. Temos

primeiro o processo de involução. É o período em que ocorre a limitação da vida dentro da forma, e é um processo longo e demorado, que leva milhões e milhões de anos. Todas as formas de vida participam dele. É a vida do Logos Solar manifestando-se através de um sistema solar. É parte do ciclo vital do Espírito planetário, manifestando-se através de uma esfera como a de nosso planeta Terra; faz parte disso a vida a que chamamos humana, e arrasta para sua órbita de energia as minúsculas vidas que operam através do átomo químico. É o grande processo de vir à existência, e o que torna essa existência e os próprios seres possíveis. Esse período de limitação, de um aprisionamento cada vez maior, de uma descida cada vez mais profunda ao seio da matéria, é seguido por outros de adaptação, no qual a vida e a forma ficam intimamente relacionadas, e segue-se o estágio em que essa relação se torna perfeita. A forma, então, acha-se adequada às necessidades da vida, e pode ser utilizada por ela. Então, à medida que essa vida cresce e se expande, é acompanhada pela cristalização da forma, que já não é suficiente como seu meio de expressão. Depois da cristalização, segue-se o estágio de desintegração. Limitação, adaptação, utilização, cristalização e desintegração – esses são os estágios da vida de uma entidade, ou idéia, materializada em maior ou menor grau, que busca expressar-se através da matéria.

Vamos aplicar essa idéia ao ser humano. O processo de limitação se dá quando ele toma uma forma física, e nos estágios iniciais de rebeldia, quando o homem está repleto de desejos, aspirações, anseios e ideais que não consegue expressar ou satisfazer. Depois vem o período de adaptação, quando o homem começa a usar o que tem e expressar-se o melhor que pode por meio dessas miríades de vidas e inteligências menores que constituem os seus corpos físico, emocional e mental. Anima a sua forma tripla, fazendo-a executar suas ordens e realizar seus objetivos, e assim concretizar-lhe os projetos, para o bem ou para o mal. Segue-se o estágio em que ele utiliza a forma o máximo que lhe é possível, e chega ao que chamamos de maturidade. Finalmente, nos últimos estágios da vida, temos a cristalização da forma, e o homem dá-se conta de que se tornou inadequada. Chega então a feliz libertação a que chamamos de morte, o grande momento em que o "espírito aprisionado" foge dos limites estreitos de sua forma física. Nossas idéias a respeito da morte são errôneas; ela tem sido considerada como o grande e derradeiro terror, quando, na realidade, é a grande libertação, o ingresso em um nível de plena atividade, a liberação da vida de um veículo cristalizado e de uma forma inadequada.

Raciocínios semelhantes podem ser aplicados a todas as formas, não apenas ao corpo físico do homem. Esse raciocínio pode ser aplicado a formas de governo, de religião, e de pensamento científico e filosófico. Podemos vê-lo em ação de forma particularmente interessante no ciclo que estamos atravessando. Tudo se encontra em situação instável; a velha ordem se alterou, e está ocorrendo um período de transição; as velhas formas, em todos os âmbitos do pensamento, estão se desintegrando, mas somente para que a vida que as animou possa libertar-se, e construir para si outras mais satisfatórias e adequadas.

Tomemos por exemplo as velhas formas religiosas do cristianismo. Peço que não me entendam mal. Não estou querendo dizer que o espírito do cristianismo não é correto, nem provar que suas verdades testadas e comprovadas sejam errôneas. Desejo mostrar apenas que a forma através da qual esse espírito buscou expressar-se já preencheu suas finalidades, e experimenta uma limitação. Essas grandes verdades e idéias fundamentais requerem um novo veículo através do qual possam atuar. Os pensadores cristãos de hoje devem distinguir com cuidado as verdades vitais do cristianismo das formas teológicas cristalizadas. O Cristo deu um impulso vivo. Enunciou aquelas grandes e eternas verdades e as fez tomar forma, indo ao encontro da humanidade sofredora. Elas foram limitadas pela forma, e seguiu-se uma longa época em que essa forma (dogmas e doutrinas religiosas) aos poucos expandiu-se e se estruturou. Passaram-se séculos em que a forma e a vida pareciam mutuamente adaptadas, e os ideais cristãos se expressavam por meio dessas formas. Agora chegamos ao estágio da cristalização, e a consciência cristã em expansão acha inadequadas e restritas as limitações dos teólogos. A grande estrutura dos dogmas e doutrinas construídas pelos religiosos e teólogos de todas as épocas deve inevitavelmente desintegrar-se, mas apenas para que a vida dentro dela possa libertar-se, e construir para si outras formas de expressão melhores e mais satisfatórias, e assim realizar a missão para a qual foi enviada.

Pode-se ver a mesma coisa acontecendo nas mais diversas escolas de pensamento. Todas expressam uma idéia através de uma forma ou conjunto de formas particular, e é necessário que lembremos que a vida trina por trás de todas as formas é Una, embora seus veículos de expressão sejam diversos, e até mesmo se tornem inadequados com o passar do tempo. Qual será, então, o objetivo por trás desse processo sem fim de construção de formas, de combinação de formas menores? Qual é a razão de tudo isso, qual será o objetivo? Sem dúvida é o desenvolvimento das qualidades, a expansão da consciência, da capacidade de realização, a aquisição dos poderes da psique, ou alma, a evolução da inteligência. Sem dúvida, é a expressão gradual da idéia ou propósito essencial que a grande Entidade a que chamamos o Logos, ou Deus, está realizando através do sistema solar. É a expressão de seu teor psíquico, pois Deus é amor inteligente, e a realização de Seu objetivo, pois Deus é uma Vontade inteligente e amorosa.

Existe igualmente uma meta e um propósito para todos os vários níveis e tipos de átomos. Há uma meta para o átomo químico; há um marco de realização para o átomo humano, o homem; o átomo planetário também expressará um dia o seu propósito essencial, e o grande Pensamento que existe por trás do sistema solar algum dia se revelará. Seria possível a nós, em breves momentos de análise, ter uma noção do que seja esse propósito? Talvez possamos ter uma idéia geral, se nos debruçarmos sobre o assunto com reverência e sensibilidade suficientes, tendo em mente sempre que apenas o dogmatismo ignorante e o néscio se atêm a detalhes ao tratar desse tema magnífico.

Vimos que o átomo químico, por exemplo, demonstra inteligência; mostra sinais de uma mentalidade e rudimentos de uma capacidade seletiva. Dessa forma, a minúscula vida do interior da forma atômica evidencia uma qualidade psíquica. O átomo constrói as diferentes formas, em diversos momentos e estágios, e a cada vez adquire algo mais, conforme a força e a vida da entidade que anima essa forma, e conserva sua homogeneidade.

Tomemos, por exemplo, o átomo que vai criar uma forma do reino mineral; ele demonstra não apenas uma mentalidade seletiva e de discriminação, mas também flexibilidade. Após, no reino vegetal, essas duas qualidades vão aparecer, mas acrescenta-se uma terceira, que poderíamos chamar de sensação de um tipo rudimentar. A inteligência primordial do átomo adquiriu algo na passagem de uma forma para outra e de reino para reino. Sua resposta ao contato e sua consciência geral aumentaram. Quando chegarmos ao estudo da evolução da consciência veremos isso em detalhes; e o que pretendo fazer hoje é mostrar que no reino vegetal as formas, constituídas pelos átomos, demonstram não só uma inteligência capaz de discriminação e flexibilidade, mas também possuem sensações, ou aquilo que corresponde, no reino vegetal, à emoção e ao sentimento, sendo a emoção o amor rudimentar.

A seguir temos o reino animal, em que as formas evidenciam não apenas as qualidades acima citadas, mas também se acrescenta o instinto, aquilo que um dia irá desabrochar como mente.

E finalmente chegamos ao ser humano, que evidencia todas essas qualidades em grau muito mais elevado, pois esse quarto reino significa o macrocosmo para os três menores. O homem demonstra ação inteligente, é capaz de sentir emoções ou amor, e ainda uma outra característica, a da vontade inteligente. Ele é a divindade de seu pequeno sistema; não apenas é consciente, mas é auto-consciente. Cria seu próprio corpo de manifestação, assim como o Logos, embora em minúscula escala; dirige o seu pequeno sistema por meio da grande lei de atração e repulsão, como faz o Logos, e anima e coordena sua natureza trina como uma unidade coesa. É três em um, e um em três, assim como o Logos.

Cada átomo do sistema solar tem um futuro. Diante do átomo ultérrimo desenrola-se uma meta extraordinária, e no decorrer dos éons, a vida que anima esse átomo passará através de todos os reinos da natureza até que atinja essa meta, no reino humano.

Podemos agora ampliar um pouco essa idéia, e considerar aquela grande Entidade que é a vida que anima o planeta, que mantém em Sua consciência todos os reinos da natureza. Não seria possível que Sua inteligência, que anima a totalidade dos grupos e reinos, constituísse a meta do homem, o átomo humano? Talvez, com o passar do tempo, possamos atingir o nível de sua atual realização, e Ele, assim como as grandes Vidas que animam os planetas do sistema solar, poderá atingir aquela dimensão incrível de consciência que é a do grande Ser cuja vida anima o sistema solar. Pode ser que entre os diversos níveis de consciência que vão desde o átomo da química e da física até o Logos do nosso sistema não existam hiatos, nem transições abruptas, mas sempre uma expansão progressiva e uma evolução gradual, de uma forma a outra de manifestação inteligente, e a vida no interior das formas adquira sempre mais qualidades por meio da experiência.

Quando tivermos assimilado essa idéia em nossa consciência, quando ficar claro para nós que existe um propósito, um objetivo, por trás de tudo, e nos dermos conta de que nada acontece que não seja o resultado da vontade consciente de alguma entidade, e que tudo tem um objetivo definido e uma meta, teremos então a chave de nosso próprio mistério, e de tudo que acontece em torno de nós neste mundo.

Se, por exemplo, nos conscientizarmos de que cabe a nós a construção e o cuidado de nossos corpos físicos, que temos o controle de nossa natureza emocional, e a responsabilidade pelo desenvolvimento de nossa mente, de que somos nós a fonte de energia de nossos corpos, e que quando os abandonamos eles se desintegram e se acabam – então talvez possamos compreender o que a Vida que anima o planeta está realizando, quando atua através de todo tipo de formas (continentes, civilizações, religiões e organizações) existentes na Terra; o que aconteceu com a Lua, que é hoje uma forma em desintegração; o que acontece com o sistema solar, e o que ocorrerá com ele quando o Logos abandonar o que é, para Ele, apenas uma manifestação temporária.

Vamos agora a uma aplicação prática dessas idéias. Estamos vivendo atualmente uma época em que todas as formas de pensamento parecem estar se fragmentando, em que as crenças religiosas dos povos não são mais o que eram, em que os dogmas e doutrinas de toda ordem estão sofrendo críticas. Muitos dos velhos sistemas de pensamento científico também estão se desintegrando, e os fundamentos das velhas filosofias estão sendo sacudidos. Estamos vivendo num dos períodos mais difíceis da história do mundo, caracterizado pela fragmentação de nações, dissolução de velhos laços e relações, e a desagregação – ao que parece, iminente – da civilização. Precisamos nos encorajar recordando que tudo isso está ocorrendo só porque a vida dentro dessas formas está se tornando tão intensa que as sente como uma prisão, uma limitação; e devemos lembrar que este período de transição é o momento da maior esperança que o mundo já experimentou. Não há lugar para pessimismo e desespero, só para o mais profundo otimismo. Muitos estão desconcertados e perturbados porque estão sendo sacudidas as bases, as estruturas religiosas cuidadosamente erigidas e profundamente estimadas, e as crenças filosóficas estão ameaçadas de ruir; mas nossa ansiedade se deve simplesmente a que temos nos absorvido demais com a forma, nos ocupado demais com nossa prisão; e se o rompimento acontece, é somente para que a vida possa construir novas formas para si e assim evoluir. A tarefa da desconstrução é tão divina quanto a da construção, e o grande deus da destruição[2] precisa despedaçar e romper as formas para que o trabalho do construtor seja possível, e o espírito seja capaz de expressar-se de forma mais adequada.

Para muitos, essas idéias podem parecer novas, fantásticas e insustentáveis. Contudo, mesmo que sejam apenas hipóteses, podem ser interessantes e oferecer-nos uma solução possível para o mistério. Vemos civilizações se desagregando, os conceitos religiosos balançando, filosofias confrontadas, as bases da ciência materialista sacudidas. Mas enfim, o que são civilizações? O que são religiões? O que são as grandes raças? Simplesmente as formas através das

2 Shiva é o deus hindu que simboliza a dinâmica da desconstrução no universo; e Vishnu, o que simboliza o princípio de manutenção, da construção; enquanto Brahma é o princípio criador. Brahma, Shiva e Vishnu simbolizam a dinâmica cíclica dos universos manifestados (N.T.)

quais a grande Vida trina que anima nosso planeta busca expressar-se. Assim como nós nos expressamos por meio de nossa natureza física, emocional e mental, Ele se expressa por meio do conjunto dos reinos da natureza, e das nações, raças, religiões, ciências e filosofias existentes. À medida que Sua vida pulsa em todas as partes de Seu ser, nós, como células e átomos dentro desse grande Ser manifestado, acompanhamos cada transição, e somos impelidos de um estágio a outro. À medida que passa o tempo, e nossa consciência se expande, iremos adquirir cada vez maior conhecimento de Seu plano, à medida que ele se realiza, e por fim chegaremos a uma condição que nos permita colaborar com Ele em seu propósito essencial.

Resumindo a idéia fundamental desta palestra: tentemos conscientizar-nos de que não existe isso de matéria inorgânica, que cada átomo é uma vida. Entendamos que todas as formas são vivas, e cada uma é apenas o veículo de expressão de uma entidade interna. Compreendamos igualmente que isso também vale para os conjuntos de formas. Assim encontraremos a chave para a compreensão de nós mesmos, e talvez do mistério do sistema solar.

4ª Conferência

A evolução do homem, o pensador

Esta é a quarta da série de palestras que tivemos neste mês, e talvez com elas tenhamos podido dar uma noção de um dos princípios fundamentais que sustentam a evolução, e que podemos perceber atuando no sistema solar.

Vamos inicialmente fazer uma recapitulação, para que possamos abordar o tema de hoje com algumas idéias claramente estabelecidas. Vimos que nossa interpretação dos processos da natureza requer uma visão tríplice, incluindo o aspecto vida, o aspecto substância, e sua estreita correlação por meio da faculdade inteligente, que se manifesta como consciência de algum tipo. Essa correlação acabará finalmente levando a uma expressão perfeita (através da matéria) do propósito de alguma entidade manifestada. Desejo salientar que meu intento é apresentar-lhes uma hipótese e sugestão que contenham o germe de uma verdade possível, e que a alguns parece a maneira mais clara de explicar o mistério do universo.

Vimos que os três aspectos do grande todo são o Espírito, ou Vida, que se manifesta por meio de um segundo aspecto a que denominamos substância ou matéria, utilizando um terceiro aspecto, a que chamamos inteligência. Da síntese gradual desses três aspectos da divindade resulta a evolução da consciência.

Depois chegamos a uma discussão mais técnica sobre o assunto da própria substância, tratando não das substâncias diferenciadas ou elementos, mas do conceito de uma substância primordial, tentando recuar quanto possível ao que sir William Crookes chamou de "protilo", ou o que existe antes do que é tangível ou objetivo.

Tratamos do átomo, e vimos que a última definição dele era a de que é de fato uma unidade de força ou energia que consiste numa carga elétrica positiva energizando certo número de partículas negativas. Ficou claro que o minúsculo átomo da química e da física constituía em si mesmo um sistema solar, com uma configuração idêntica à do sistema solar, com uma atividade semelhante, e regido por leis análogas. Vimos que possui um sol central, e que em torno dele, percorrendo órbitas definidas, temos os elétrons. Vimos também que os elementos se diferenciam somente pelo número e a colocação desses elétrons em torno da carga positiva do núcleo. Daí partimos para tratar da alma ou psique do átomo, e vimos que os cientistas reconhecem a realidade de que os átomos possuem qualidades, demonstram evidências de mente ou inteligência, e podem discriminar, selecionar e escolher.

Continuamos então compondo o que parecia um conto de fadas. Figuramos o ser humano como um átomo, e mostramos a semelhança do homem e do átomo; vimos que ele atrai e mantém em sua órbita de influência a matéria de seus diversos corpos, mental, emocional e físico, exatamente da mesma forma que os elétrons são mantidos girando em torno de seu núcleo central. Vimos que se pode ampliar ainda mais a idéia, e dirigimos a atenção para o planeta, figurando-o como similar ao átomo humano e ao átomo ultérrimo da substância, sendo a expressão de uma vida manifestada através de uma forma esférica, para concretizar um propósito inteligente.

Concluímos figurando o sistema solar como um átomo cósmico, animado pela vida do Logos.

Temos a considerar, então, quatro espécies de átomos:

Primeiro, o átomo da química e da física.

Segundo, o átomo humano, o homem.

Terceiro, o átomo planetário, animado por um Logos Planetário, o Homem Celeste.

Quarto, o átomo solar, habitado pelo Logos ou Divindade Solar.

Se nosso conceito fundamental estiver certo, se houver um mínimo traço de realidade em nossa hipótese, um substrato de verdade em nossa concepção do átomo que compõe os elementos, temos que admitir que ele é uma vida, atuando de forma inteligente através de uma forma. Então talvez se possa provar que o homem é também uma vida ou núcleo de energia manifestando-se através de seus corpos; e aí talvez se possa demonstrar que um planeta é igualmente o meio de expressão de um núcleo de energia ainda maior, e ainda, dentro do princípio de analogia, talvez numa época futura se possa provar que existe um Deus, ou núcleo central além do mundo material, uma Entidade consciente que atua através do sistema solar.

Em nossa última palestra, abordamos uma outra fase de manifestação. Estudamos o átomo em si, em relação com os outros átomos, e como, por afinidade mútua, constituíam grupos ou agregados de átomos. Em outros termos, analisamos o átomo enquanto constrói as diversas formas dos reinos da natureza, e vimos que no processo evolutivo os átomos gravitam em torno de outros núcleos centrais, do qual por sua vezes constituem elétrons. Assim, qualquer forma é simplesmente um conjunto de vidas menores.

Tratamos ligeiramente dos reinos da natureza, mostrando o desenvolvimento da alma ou psique de todos eles. Já dissemos que o átomo possui inteligência, ou capacidade de discriminação, e vimos que na construção das formas dos reinos mineral, vegetal e animal, começa a aparecer o que chamamos de sensação, e assim temos os rudimentos de uma emoção embrionária, ou sensação – o reflexo do amor no plano físico. Dessa forma, temos um aspecto da natureza trina de Deus, a inteligência, revelando-se através do átomo; e temos o amor, ou o aspecto atração, manifestando-se através da forma. A mesma coisa ressalta quando verificamos, nesses dois aspectos da vida divina central, a terceira pessoa da Trindade Logoica colaborando com a segunda; vemos a ação inteligente da divindade, ou o aspecto espírito Santo, operando junto com o segundo aspecto, o Filho, que é o construtor das formas. Isso é expresso de forma interessante no livro de Provérbios, capítulo VIII, quando a Sabedoria fala em altas vozes (a Sabedoria, no Velho Testamento, representa o aspecto crístico), e após declarar que estava com Deus antes mesmo da criação, continua dizendo que quando "Ele lançou os fundamentos da Terra, eu estava com ele, e era seu obreiro". Os estudantes fariam bem em estudar esse capítulo relacionando-o com as idéias que estamos apresentando, e cuidando para utilizar a tradução correta.

E agora chegamos ao nosso tema de hoje, a evolução do homem, o pensador. Veremos que no homem aparece um outro aspecto da divindade. Browning,[1] em "Paracelso", trata de forma interessante esse assunto, resumindo-o assim:

> Assim Ele (Deus) em tudo habita
> Do primeiro ao instante último da vida
> do homem; a meta deste plano
> da existência; e cujos atributos
> se espalhavam antes, lá e cá
> pelo mundo visível, esperando
> para serem reunidos; fragmentos vagos
> para compor um todo magnífico;
> Dons imperfeitos, criação afora
> Esperando uma nova criatura
> Onde todos iriam convergir
> Nos atributos de um só ser – o homem.

Tendo identificado dois aspectos da divindade no átomo e nas formas, vamos encontrar a trindade perfeita no homem. Foi dito que o homem é feito à imagem de Deus, e portanto imaginamos que ele reflita a natureza trina do Logos. Deve expressar a inteligência, mostrar o amor e manifestar a vontade.

Vejamos algumas definições do ser humano tal

1 Robert Browing (1812-1890). Poeta inglês do século XIX.

como constam do dicionário e em outros lugares. A que encontramos no ***Standard Dictionary*** é extremamente interessante: o homem é "um indivíduo da raça humana"; segue-se uma extensa lista de termos derivados da palavra homem, em todas as línguas conhecidas, com a conclusão de que muitos deles são improváveis.

A definição que atribui o sentido da palavra homem (man) à raiz sânscrita "man", o pensador, é para mim a mais adequada. A sra. Besant, em um de seus livros, dá uma definição excepcionalmente clara: "O homem é aquele ser em quem o mais elevado espírito e a matéria mais inferior acham-se unidos pela inteligência". Nela o homem é visto como aquele que unifica o ser, o não-ser, e a relação entre eles; o conhecedor, o conhecido e o conhecimento. Qual é o objetivo do intelecto, ou do conhecimento? Certamente é adequar a forma material às necessidades e solicitações do espírito encarnado, permitir que o pensador no íntimo do corpo o utilize de forma inteligente, para um propósito específico; e com certeza ele existe para que o núcleo central de energia possa comandar de forma construtiva o seu aspecto negativo. Nós somos, todos nós, entidades que animamos uma forma, buscando, com o uso da inteligência, usar essa forma para um propósito específico que existe no âmago da vontade consciente do verdadeiro eu.

Em um livro de ocultismo muito antigo – tão antigo que sua data não pode ser precisada – existe uma definição do homem muito esclarecedora, e que se afiniza com a idéia que estamos querendo desenvolver hoje. Conceitua o homem como "a Vida e as vidas". Vimos que o átomo constitui uma vida, manifestando-se através da pequena esfera da qual é o centro. Vimos que todas as formas são conjuntos de vidas, construídas nos reinos mineral, vegetal e animal. Agora podemos passar para o próximo estágio dessa grande escada evolutiva, e veremos então que o ser humano é a seqüência lógica que se segue a esses estágios anteriores. Primeiro, a substância primordial, que é essencialmente energia inteligente; a seguir, a matéria atômica, que atuando de várias formas constitui os elementos; e depois a forma, um conjunto de átomos; por fim o habitante da forma (o homem), que é não apenas uma inteligência ativa, com atração e amor intrínsecos, mas também uma vontade, que tem um objetivo. Esse "habitante interno" tomou posse da forma quando esta alcançou um determinado nível de adequação, de capacidade vibratória; agora a utiliza, e reproduz, em sua própria esfera de atuação, a ação do átomo de matéria; contudo, ele se expressa não só de uma maneira, ou de duas, mas de três.

Portanto, no homem, de fato e na verdade, temos o que os cristãos chamariam de "imagem de Deus". Pois, como é evidente a todos os pensadores, a única forma pela qual podemos conhecer a Deus é pelo estudo de Sua natureza, de seus atributos psíquicos. Sabemos que Deus é inteligência, sabemos que Ele é amor, ou a grande força de atração do sistema solar, e sabemos que Ele é a grandiosa vontade ou propósito por trás de toda manifestação. Em todas as escrituras do mundo, Deus é descrito com esses três aspectos, e manifesta-se na natureza dessa forma tríplice.

A evolução da substância é gradual; aos poucos, ela é ativada pelo aparecimento lento dos atributos internos, subjetivos, da vida divina, e dessa forma Sua natureza essencial se expressa. Primeiro um aspecto aparece, depois outros, lentamente, e por fim o terceiro, e então temos o magnífico somatório e realização que é o ser humano. Ele combina e une em si os três aspectos. É a totalidade dos atributos divinos, embora estejam até o presente um estado bastante embrionário, e precise repetir em seu ciclo evolutivo o mesmo processo que o átomo teve que seguir. Assim como o átomo segue o seu próprio caminho interno, e depois tem que se misturar e fundir com outros átomos para constituir um conjunto, assim o átomo humano também precisa encontrar o seu lugar dentro de uma forma maior.

Vamos analisar um pouco o método que o processo evolutivo usa no homem. Vimos que nele convergem os três aspectos, que ele é um ponto de síntese, com um dos aspectos ainda predominando – o da inteligência – com o segundo aspecto, o do amor-sabedoria, mal começando a se fazer sentir, e o aspecto mais elevado, o da vontade espiritual, apenas embrionário.

Quase todos nós fomos criados na crença do que é chamado de "a queda do homem". Atualmente, poucos acreditam na história dessa queda tal como é contada no terceiro capítulo do Gênese, e a maioria entende que ela possui um sentido alegórico. Qual a verdade oculta por trás desse curioso relato? Simplesmente, a verdade sobre a descida do espírito à matéria foi expressa por meio de uma imagem, para a mentalidade infantil do homem. O processo de convergência desses dois aspectos é duplo. Temos a descida à matéria do ente, da vida interna, e a encarnação do espírito, e depois o desenvolvimento, a partir da matéria, dessa vida ou espírito, junto com tudo que adquiriu, utilizando a forma. Ao lidar com a matéria, habitar as formas, energizar a substância, abandonar o Jardim do Éden (onde não havia condições para o necessário crescimento) e no vaguear do Filho Pródigo em terras distantes, temos os diversos estágios figurados na Bíblia cristã em que o homem descobre que ele não é a forma, mas aquele que a utiliza. Ele é inteligência, portanto é feito à imagem da terceira pessoa da Trindade; ele é amor, e através dele o aspecto amor da divindade um dia se manifestará de modo perfeito, e ele poderá dizer como seu Irmão mais velho, o Cristo, em resposta ao pedido "Senhor, mostra-nos o Pai", que "aquele que me vê, vê o Pai", pois Deus é amor; e finalmente, o mais elevado aspecto, a vontade divina, se manifestará por meio dele, que será perfeito, assim como seu Pai celestial é perfeito.

Assim como na evolução da substância pudemos identificar três estágios – da energia atômica, da coesão grupal e da síntese final – também na evolução do homem o mesmo acontece.

Temos nos estágios iniciais da evolução humana o que podemos chamar de estágio atômico, em que o homem gradualmente reconhece que é uma unidade auto-consciente, com uma individualidade própria. Quem já criou uma criança conhece bem essa fase. Podemos percebê-la na constante verbalização de "meu, meu, meu": o estágio da apropriação para si, sem pensar nos outros. As crianças são natural, deliberada e sabiamente egoístas. É o estágio do reconhecimento gradual da existência separada, e da utilização cada vez mais intensa, pelo átomo humano, de sua própria força atômica interior. O ser humano infantil rebela-se contra o cuidado compulsório dos que buscam protegê-lo, e se acha auto-suficiente. Pode-se notar isso tanto no indivíduo como na humanidade.

À medida que a vida continua, o homem passa do estágio atômico para outro mais elevado e melhor, quando se torna consciente das relações grupais, e se dá conta de que tem responsabilidades para com o grupo, e uma tarefa a cumprir junto com outros átomos individuais. Começa a se fazer sentir a consciência coletiva. E assim o átomo humano encontra seu lugar dentro do grupo, a unidade maior a que pertence, e o aspecto amor começa a aparecer. O homem passou do estágio atômico para o da coesão grupal.

Mais tarde chega o estágio em que o homem começa a se dar conta de que possui não apenas responsabilidade para com o grupo, mas que existe algo ainda maior. Dá-se conta de que é parte de uma grande vida universal que existe por trás de todos os grupos, que é não apenas um átomo do universo, e parte de um grupo, mas que, depois de unir sua identidade com a do grupo – embora jamais a perca – o próprio grupo terá que se unir com a consciência daquele grande Ser que é a síntese de todos eles. E assim chega ao último estágio, do reconhecimento da divina unidade.

Essa idéia tríplice se encontra resumida na Bíblia em uma frase muito interessante, quando Jeová diz a Moisés, seu representante: "Eu sou aquilo que Sou". Se dividirmos essa frase em três partes, teremos aquilo que estou procurando explicar hoje.

Primeiro, a consciência atômica, EU SOU; depois o grupo, EU SOU AQUILO – a consciência de que ele não é apenas um indivíduo separado, uma unidade auto-centrada, um ser auto-consciente, porém algo ainda maior. Então o homem reconhece aquilo que o levará a sacrificar sua identidade ao serviço da coletividade, e a unir sua consciência a ela. Dessa união consciente ainda não conhecemos praticamente nada. Segue-se o estágio ainda maior em que EU SOU AQUILO QUE SOU será para nós não um ideal impossível, uma idéia visionária, mas uma realidade fundamental, quando o homem dentro do conjunto se reconhecerá como uma expressão da vida universal, e a própria consciência grupal se unirá àquela que é a soma de todos os grupos.

Imaginamos e esperamos estar saindo rapidamente do estágio atômico, e que nossa esfera de influência e interesse não se limite a nossa esfera atômica, mas que estejamos nos tornando (para usar uma expressão corrente), radioativos. Quando isso acontecer, não estaremos circunscritos e limitados dentro de nossa própria concha, no estreito território de nossa vida individual, mas começaremos a irradiar, a contatar outros átomos, e assim atingiremos o segundo estágio, o da atração.

Qual será, então, o objetivo à nossa frente? Qual é a meta para os diversos átomos com os quais nos relacionamos? Algumas antigas escrituras orientais dizem que a meta do átomo material é a auto-consciência. Qual é então a meta para o átomo humano, que já é auto-consciente, já é individualizado, e se dirige por sua vontade? O que se coloca diante do homem? Simplesmente a expansão de sua consciência para abarcar a consciência daquela grande vida, ou ser, de cujo corpo ele é uma célula. Assim como nosso corpo físico, por exemplo, é composto por inúmeras vidas menores, os átomos, cada um separado de seus vizinhos, cada qual se distinguindo por sua própria atividade – uma esfera que contém outras esferas menores, os elétrons.

Vimos que o homem é o pólo positivo, e anima e mantém unidos seus inumeráveis átomos, as vidas menores, compondo formas adequadas. Ao morrer, quando o componente espiritual se retira, a forma se desintegra, se dissolve, e essas pequenas vidas conscientes, tendo cumprido sua função, se dispersam.

A consciência do átomo dentro do seu corpo é muito diferente da consciência do homem, o que se percebe sem dificuldade. Se admitirmos que o homem é uma célula de uma esfera maior, não poderá existir uma consciência que seja para o homem o que representa a sua consciência para as células de seu corpo? Não poderemos ter adiante de nós a conquista dessa consciência, da mesma forma que o átomo de matéria pode algum dia atingir a consciência do ser humano? Não será isso o que Browning queria dizer com: "A humanidade, composta de todos os homens; nessa síntese termina a história"? Ele aqui traz a idéia de um Homem maior, que é a síntese ou soma de todas as unidades menores. Talvez essa síntese seja a grande Vida, o Ser planetário que existe por trás da manifestação do planeta, e é a soma final das consciências grupais. Estou sugerindo que, assim como a auto-consciência é a meta de todas as formas de vida subumanas, e a consciência grupal, ou a consciência do Homem

Celeste, constitui a meta do ser humano, para esse Homem Celeste deve existir também uma meta, que seria a conquista da Consciência Divina. Seu empenho seria para alcançar a realização do Logos Solar.

Dessa forma, pode-se perceber a unidade de consciência que vai desde o mais ínfimo átomo até a própria Divindade. Desenrola-se então diante de nós um cenário maravilhoso, um horizonte de possibilidades. Podemos ver a vida divina em sua tripla manifestação, expressando-se através de uma consciência sempre mais ampla, manifestando-se no átomo de matéria, expandindo-se nas formas, até atingir um ponto culminante no homem, e continuando até se manifestar na consciência planetária, que é a soma final de todos os níveis de consciência de nosso planeta, até chegarmos àquela Vida original que abarca todas as vidas planetárias conjugadas dentro de Sua esfera maior, o sistema solar.

Assim, resumindo, temos quatro níveis de atuação que podemos chamar de consciência, autoconsciência, consciência coletiva e consciência divina. Isso se expressa através de quatro tipos de átomos: primeiro, o átomo químico e todas as formas atômicas; segundo, o átomo humano; depois o átomo planetário, e por fim o átomo solar que tudo abarca. Animando as formas atômicas, temos todas as vidas subumanas, desde o átomo de matéria à vida que anima os animais superiores; depois a que chamamos humana, a do homem, o pensador; após a do Homem Celeste, e finalmente a grande Vida do sistema solar a quem os cristãos chamam Deus, ou o Logos.

5ª Conferência

A evolução da consciência

Na semana anterior estudamos, muito limitadamente, a evolução do homem, o pensador, o dono dos corpos, que os utiliza durante o ciclo da evolução. Vimos que ele era a soma dos estágios evolutivos que o precederam. Tratamos desses estágios nas duas palestras anteriores, em que vimos inicialmente a substância, ou matéria atômica antes da construção das formas, ou seja, o minúsculo átomo antes de fazer parte de qualquer espécie de corpo. Depois analisamos a construção das formas por meio da grande lei de atração, que mantém os átomos unidos, fazendo-os combinar-se e vibrar em uníssono, assim criando as formas, ou agregados de átomos. Reconhecemos que na matéria atômica temos um aspecto de Deus, a divindade, a força ou energia central do sistema solar, que se manifesta sob o aspecto inteligência; e vimos que no aspecto forma da natureza manifesta-se outro atributo da divindade, o amor ou atração – a força coesiva que mantém as formas unidas. Analisamos então o ser humano, e vimos como, nele, se reúnem os três aspectos divinos – e reconhecemos o homem como uma vontade diretora manifestando-se por meio de uma forma composta de átomos, evidenciando os três atributos de Deus: inteligência, amor-sabedoria, e vontade ou poder.

Hoje, vamos partir do aspecto material da manifestação de que tratamos nas palestras anteriores, e vamos considerar a consciência que existe no interior da forma. Vimos que o átomo pode ser considerado como uma vida interna manifestada através de uma forma esférica, com um atributo mental; mas o átomo humano também pode ser entendido como uma vida interna que utiliza uma forma e demonstra os diversos atributos que citamos; e dissemos que, se estivesse certa a nossa hipótese a respeito do átomo, e nosso entendimento do ser humano como um átomo, poderíamos ampliar esse conceito inicial para o planeta, e dizer que no interior do átomo planetário existe uma grande Vida que se manifesta através da forma, e demonstra atributos definidos, realizando um propósito específico; e estendemos a mesma idéia à grande esfera do sistema solar, e à divindade que nela habita.

Vejamos agora a questão da consciência em si mesma; vamos analisar o problema e considerar a ação da vida que existe dentro da forma. Se assim puder transmitir-lhes algumas idéias gerais em concordância com o que já foi dito, será mais um tijolo na estrutura que estou procurando construir.

O termos "consciência" provém de duas palavras latinas, com e scio=saber; e significa literalmente "aquilo com o quê sabemos". Se formos ao dicionário buscar essa palavra, encontraremos algo assim: "A condição de estar cônscio", ou de perceber, a capacidade de responder aos estímulos, a faculdade de reconhecer contatos, a possibilidade de sincronizar vibrações. Tudo isso pode ser incluído numa definição de consciência, mas a que eu gostaria de destacar aqui é a que nos dá o ***Standard Dictionary***, acima citada. O pensador comum que consulta as obras sobre este assunto poderá achá-las confusas, porque classificam a consciência e o estado desperto em numerosas divisões e subdivisões, até deixar-nos desorientados. Hoje iremos considerar apenas três tipos de consciência, que podemos indicar como: consciência do Absoluto, consciência universal, e consciência individual; e só é possível, de fato, definir com clareza duas delas.

A consciência absoluta é praticamente impossível de ser reconhecida pelo pensador comum. Já foi conceituada numa obra como "a consciência em que tudo está, tanto a possibilidade como a realidade", e inclui tudo que se pode imaginar que já aconteceu, acontece e irá acontecer. Isso provavelmente é a consciência absoluta, e do ponto de vista humano, é a consciência de Deus, que contém em si mesma o passado, o presente e o futuro. E então, o que seria a consciência universal? Pode ser conceituada como a consciência no tempo e no espaço, com a noção de tempo e lugar, ou a consciência grupal, podendo ser o grupo uma unidade maior ou menor. E por fim, a consciência individual pode ser definida como o quanto da consciência universal um indivíduo pode contatar e conceber em si mesmo.

Para compreender esses termos vagos – consciência absoluta, universal e individual– seria útil exemplificar. Podemos faze-lo como segue.

Nas palestras anteriores vimos que se pode

considerar o átomo dentro do corpo humano como uma pequena entidade, uma minúscula vida inteligente, uma esfera microscópica ativa. Tomando essa pequena unidade como ponto de partida, poderemos ter uma noção do que significam esses três tipos de consciência, considerando-os do ponto de vista do átomo e do homem.

A consciência individual, para o minúsculo átomo do corpo de um homem, seria o seu próprio estado vibratório, sua atividade interna, tudo que diz respeito especificamente a ele próprio. A consciência universal, para ele, pode ser entendida como a consciência de todo o corpo físico, considerando-o como a unidade que engloba o átomo. E a consciência absoluta, para o átomo, pode ser entendida como a consciência da mente humana que anima o corpo, que representaria para o átomo, em sua vida interior, algo tão remoto que seria praticamente desconhecido e inconcebível, embora essa consciência mantenha sob o comando de sua vontade o corpo físico e o átomo dentro dele, e tudo que lhes diz respeito.

Basta ampliarmos essa idéia para o homem, considerado um átomo ou célula do corpo de uma grande Entidade, e poderemos conceber de forma análoga essa noção tripla de consciência. Seria bom agora voltarmos a temas mais práticos que a consciência absoluta.

A ciência ocidental está aos poucos chegando às mesmas conclusões da filosofia esotérica do Oriente – de que se deve atribuir uma consciência não só ao animal e ao ser humano, mas também ao vegetal e ao mineral; e que a auto-consciência deve ser considerada como o ápice do processo de evolução da consciência nos três reinos menores.

Não é possível, no tempo de que disponho, abordar o fascinante estudo da evolução da consciência no reino animal, no vegetal, e o seu aparecimento também no reino mineral; se pudéssemos faze-lo, veríamos que até os minerais mostram sinais de consciência, de reação a estímulos; que mostram sintomas de fadiga, e que é possível envenenar um mineral e matá-lo, como se mata um ser humano. Tem se admitido mais facilmente que as flores têm uma consciência, e têm se publicado artigos muito interessantes sobre a consciência das plantas, abrindo um vasto campo de reflexão.

Vimos que a única coisa que se pode afirmar com segurança da matéria atômica é que ela demonstra inteligência, capacidade seletiva e de discriminação. Essa é a manifestação mais evidente da consciência manifestada no reino mineral. No reino vegetal, surge outra qualidade, a da sensação, o sentimento em forma rudimentar. Ele reage de forma diversa do mineral. No reino animal aparece uma terceira forma de reação: aqui temos não só a sensação em níveis muito mais avançados que no anterior, mas também sinais de intelecto, ou de mente embrionária. O instinto é a faculdade característica de todos os indivíduos animais: essa palavra tem a mesma raiz do termo "instigar". Quando a capacidade de instigar começa a surgir no íntimo de uma forma animal, isso é sinal de que uma mentalidade embrionária está começando a manifestar-se. Nesses três reinos evidenciam-se diferentes graus e tipos de consciência, ao passo que no homem vemos os primeiros sinais de autoconsciência, aquela faculdade pela qual o homem se torna cônscio de que é um ente separado, o impulso que existe dentro do corpo, e aquele que está se tornando consciente por meio desse corpo.

Há muito tempo isso é ensinado no Oriente, e "a filosofia esotérica ensina que tudo está vivo e tem consciência, mas nem todas as vidas e consciências são semelhantes às do homem", e também se ressalta que "existem enormes distâncias entre a consciência do átomo e da flor, entre esta e a do homem, entre a dele e a de Deus". Como disse Browning: "No homem se inicia a tendência a ser Deus". Ele ainda não é Deus, mas é um deus em formação; está se realizando à imagem de Deus, e algum dia o conseguirá com perfeição. Está tentando expressar a vida trina, interna e divina, através do que é externo.

O processo de evolução da consciência no ser humano é simplesmente a reprodução, numa volta mais alta da espiral, dos estágios que vimos na evolução do átomo: o da energia atômica e da coesão grupal. Hoje podemos ver a humanidade no nível atômico da manifestação, caminhando para a meta ainda inatingida do nível coletivo.

Algo evidente para aqueles que se interessam pela consciência, e têm o hábito de analisar o que acontece ao seu redor, são os diferentes graus de mentalidade que existem, e os diferentes níveis de consciência entre as pessoas. Encontramos pessoas alertas, vivas, que sabem de tudo que acontece, profundamente conscientes, sensíveis a todas as tendências de pensamento dentro da sociedade, conscientes de todo tipo de contatos; e vemos outras que parecem adormecidas: parecem não se interessar por muita coisa; são inconscientes do que as toca; ainda se encontram num estado de inércia, não sendo capazes de reagir a estímulos externos; não são mentalmente vivas. A gente vê isso também nas crianças: algumas reagem prontamente, enquanto outras são consideradas obtusas. Não é que umas sejam mais ou menos obtusas que outras, em essência; isso é devido apenas ao nível interno de evolução da criança, a encarnações mais freqüentes, e ao tempo maior que dedicou a adquirir consciência.

Vamos agora considerar os dois níveis, o atômico e o nível da forma, e ver como a consciência do ser humano se desenvolve, sem esquecer que no átomo humano está registrado tudo que adquiriu nos estágios anteriores, nos três reinos menores da natureza. O homem é o beneficiário desse vasto processo evolutivo que vem antes dele. Começa a atuar trazendo tudo que foi obtido antes latente dentro de si. É auto-consciente, e tem à frente uma meta definida, a conquista da consciência coletiva. Para o átomo de matéria a meta fora a conquista da auto-consciência. Para o ser humano a meta é uma consciência maior, uma extensão mais ampla de consciência.

O estágio atômico, que estamos analisando, é particularmente interessante para nós, pois é onde se encontra a maioria da humanidade. Nele vivenciamos um período (muito necessário) auto-centrado, em que o homem se preocupa principalmente com suas próprias coisas, antes de tudo com aquilo que lhe interessa, e vive sua própria e intensa existência vibratória interior. Durante muito tempo, e até o presente (creio que poucos se sentiriam ofendidos se dissermos que ainda não atingimos a perfeição, nem alcançamos nossa meta), a maioria de nós é ainda extremamente egoísta, e só se interessa mentalmente pelo que está acontecendo no mundo, e ainda assim porque nos toca o sentimento, e não desejamos nos sentir mal, ou nos interessamos porque está na moda; mas apesar desse interesse mental, toda nossa atenção se centraliza nas coisas que dizem respeito a nossa própria vida. Estamos no estágio atômico, muito ocupados com nossos próprios problemas. Observem as multidões nas ruas de qualquer cidade grande, e verão sempre pessoas no nível atômico, centradas inteiramente em si próprias, ocupadas com seus próprios interesses, objetivando alcançar seus prazeres, querendo divertir-se, e só ocasionalmente preocupando-se com o que diz respeito ao coletivo. Esse estágio é necessário; é uma defesa, e tem um sentido fundamental para os indivíduos humanos. Por conseguinte, essa compreensão nos tornará pacientes em relação a nossos irmãos e irmãs que com freqüência nos irritam.

Quais serão os fatores que nos levam a evoluir e transpor o estágio atômico? No Oriente, através das idades, o método evolutivo foi sempre considerado com duas fases. Sempre se ensinou que o homem evolui e se torna consciente primeiro através dos cinco sentidos, e depois pelo desenvolvimento da faculdade de discriminação, junto com a imparcialidade. No Ocidente nós damos ênfase aos cinco sentidos, e não ensinamos essa discriminação, que é fundamental.

Se observarmos o desenvolvimento de uma criança veremos, por exemplo, que o bebê desenvolve os cinco sentidos geralmente numa certa seqüência. O primeiro que se desenvolve é a audição; o bebê mexe a cabeça ao ouvir um som. O sentido seguinte que se observa é o tato: ele começa a explorar com as mãozinhas. O terceiro que se manifesta é o da vista. Não quero dizer com isso que o bebê não enxerga, ou que nasce cego, como um gatinho, mas muitas vezes se passam semanas até que o bebê veja conscientemente e reconheça o que vê. A faculdade estava ali, mas não utilizada. Assim acontece com a expansão de consciência e as percepções que nos aguardam.

Nesses três sentidos maiores, ou mais importantes, a audição, o tato e a visão, temos uma interessante analogia, uma relação com a manifestação trina da Divindade – o eu, o não-eu e a relação entre eles. No sentido oculto, o ego escuta e responde às vibrações, e assim se apercebe de si mesmo. Ele adquire percepção do não-eu, e de sua tangibilidade, através do tato. Mas somente quando se dá a visão, ou reconhecimento consciente, é que se estabelece a relação entre os dois. Dois outros sentidos são utilizados pelo ego para estabelecer contato – o gosto e o olfato, mas não são tão essenciais para o desenvolvimento da consciência como os outros três.

Por meio dos cinco sentidos nós efetuamos todos os contatos possíveis no plano físico; com eles aprendemos, crescemos, nos tornamos conscientes e nos desenvolvemos; por meio deles evoluem os instintos; são os grandes sentidos de proteção, que não só nos permitem fazer contato com o ambiente, mas nos protegem dele.

Tendo aprendido a ser indivíduos inteligentes através dos cinco sentidos, e expandido a nossa consciência por meio deles, experimentamos uma crise, e outro fator entra em cena, o da discriminação inteligente. Refiro-me à discriminação que é feita por um indivíduo auto-consciente. É aquela escolha consciente que vocês e eu exercemos e que somos obrigados a exercitar à medida que a força evolutiva nos leva ao ponto em que aprendemos a distinguir entre o eu e o não-eu, entre o real e o irreal, entre a vida que habita a forma, e a forma que ela utiliza, entre o conhecedor e o que é conhecido. Aqui temos o objetivo final da evolução, a conquista da consciência do eu real por meio do não-eu.

Atravessamos um longo período, ou ciclo de muitas existências, em que nos identificamos com a forma, e estamos tão apegados ao não-eu que não estabelecemos nenhuma diferença dele, tão inteiramente ocupados estamos com as coisas transitórias e impermanentes. Essa identificação com o não-eu é que conduz a toda a dor, insatisfação e sofrimento no mundo; mas devemos lembrar que é por meio dessa reação do eu com o não-eu que acabamos inevitavelmente aprendendo, e finalmente nos libertamos do impermanente e do irreal. Esse ciclo de identificação com o irreal é paralelo ao da consciência individual. Assim, como o átomo de matéria tem que traçar o seu caminho através de uma forma, e oferecer a sua quota de vitalidade para uma unidade maior, também por meio do desenvolvimento da consciência, o átomo humano atinge um ponto em que reconhece sua participação num todo maior, e assume sua responsabilidade na atuação coletiva.

Esse é o nível de que muitos desta humanidade estão se aproximando agora. Os seres humanos estão se conscientizando, como nunca antes, da diferença entre o real e o irreal, o permanente e o impermanente; por meio da dor e do sofrimento, estão despertando para a noção de que o não-ser não basta, e estão buscando dentro de si o que pode preencher melhor suas necessidades. As criaturas estão procurando conhecer-se, encontrar o reino de Deus dentro de si, e por meio do mentalismo, do novo pensamento e do estudo da psicologia, chegarão a certas conquistas que serão inestimáveis para a raça humana. Há evidências de que o estágio da forma está se avizinhando rapidamente, e que os homens estão saindo do nível atômico para algo infinitamente maior e melhor. O ser humano está começando a sentir a vibração daquele grande Ser em cujo corpo ele é apenas um átomo, e começando a dar, de forma limitada, uma resposta consciente a esse grande apelo, e a buscar formas possíveis de entender esse grande Ser que ele sente, mas ainda não conhece. Se perseverar em fazê-lo, encontrará o grupo a que pertence, e então seu foco mudará. Não ficará mais restrito a seu pequeno limite de átomo, mas o ultrapassará e se tornará, por sua vez, uma parte consciente, ativa e inteligente do grande todo.

E como ocorrerá essa grande mudança? O nível do átomo se desenvolveu por meio dos cinco sentidos, e pelo uso da faculdade de discriminação. O nível em que a criatura desperta para a realização coletiva, e se torna um participante consciente da ação grupal, é realizado de duas maneiras: por meio da meditação, e por meio de uma série de iniciações.

Quando uso o termo "meditação" não quero dizer o que geralmente se entende por ele, um estado receptivo e negativo da mente, ou um transe. Atualmente existem muitas concepções errôneas sobre o que seja realmente a meditação, e muita coisa chamada de meditação parecida com o que foi descrito por uma pessoa, não faz muito tempo, nos seguintes termos: "Eu fecho os olhos, abro a boca, e espero alguma coisa acontecer". A verdadeira meditação exige a mais intensa concentração da mente, o máximo controle do pensamento, e uma atitude nem negativa nem positiva, mas equilibrada entre os dois. Nas escrituras orientais o homem que busca a meditação e seus resultados é descrito da forma a seguir, e se analisarmos essas palavras, podem nos trazer ajuda e esclarecimento:

"O Maha Yogue, o grande asceta, no qual se concentram a mais completa perfeição da austera penitência e da meditação abstrata, pelas quais se atinge os poderes ilimitados, se realiza maravilhas e milagres, se adquire o conhecimento espiritual e por fim se atinge a união com o grande Espírito do universo". Diz-se aí que a união com a vida coletiva é a conseqüência da meditação, e não há outra forma de consegui-la.

A meditação (cujos estágios preliminares são a concentração e a focalização em qualquer linha de pensamento específico) será diferente para as diversas pessoas e tipos. O homem religioso, o místico, concentrará a atenção na vida que anima as formas, em Deus, em Cristo, ou em quem encarna para ele o ideal. O homem de negócios, o profissional, que durante as horas de trabalho se acha concentrado no que tem a fazer, e mantém a atenção fixa nos problemas a resolver, está aprendendo a meditar. Mais tarde, quando chegar ao lado mais espiritual da meditação, descobrirá que já percorreu a parte mais difícil do caminho. A pessoa que lê uma obra difícil, e o faz com toda a energia e capacidade de seu cérebro, descobrindo o que está além da palavra escrita, pode estar meditando o quanto é possível para ela naquele momento. Digo isso para servir de estímulo, porque estamos vivendo numa época em que se encontra muitos livros sobre meditação.Todos trazem alguma faceta da verdade, e podem ser úteis, mas podem não trazer o que é o melhor para cada pessoa em particular. Precisamos encontrar nossa própria forma de nos concentrar, descobrir nosso método próprio de nos acercar do que está no plano interno, e analisar por nós mesmos a questão da meditação.

Para a maioria das pessoas a verdadeira meditação deve ser precedida pela concentração do intelecto, que conduz ao controle da mente, e à capacidade de pensar com clareza e só naquilo que se quer pensar, o que é algo que poucas pessoas sabem.

A verdadeira meditação,[1] sobre a qual não posso me estender muito aqui, levará a uma mudança de polarização, desvendará para o homem uma amplitude de experiências com que nunca sonhou, lhe revelará contatos que não imagina, e lhe permitirá encontrar seu próprio lugar dentro do todo. Não ficará mais confinado aos limites de sua própria existência, mas começará a unir-se com a vida interna do grande todo. Não se dedicará mais às coisas de interesse egoísta, mas dará atenção aos

1 Nos dias atuais a rede mundial de computadores disponibiliza farramentas importantes para o aprendizado da meditação. Veja o video: ***Meditação e Projeção Astral*** disponível no site da Google Video, ou acesse os endereços abaixos:
http://video.google.com/videoplay?docid=7939505976833408618
http://www.edconhecimento.com.br/videos

problemas coletivos. Não empregará mais o tempo a alimentar sua própria identidade, e sim buscará compreender a grande Entidade da qual faz parte. É o que as pessoas adiantadas estão começando de alguma forma a fazer. Embora o homem comum mal se dê conta disso, grandes pensadores, como Édison e outros, buscam a solução dos problemas através da meditação. Através da concentração profunda, da rememoração permanente, e da intensa focalização nos temas de seu interesse, eles obtêm resultados; atingem os reservatórios interno de inspiração e poder, e trazem, dos níveis mais elevados do plano mental, resultados para beneficiar a coletividade.

Quando tivermos exercitado bastante a meditação, quando estivermos cultivando os interesses coletivos e não os pessoais, quando tivermos desenvolvido corpos físicos fortes e puros, corpos emocionais controlados, e não agitados pelo desejo, e corpos mentais que sejam nossos instrumentos e não nossos senhores, então saberemos o verdadeiro significado da meditação.

Quando o homem faz contato, através da meditação, com o grupo a que pertence, e adquire cada vez mais consciência coletiva, fica então em condições de receber o que se chama de a série de iniciações. Elas constituem simplesmente expansões de consciência, trazidas por Aqueles que já atingiram esse nível, que já se identificaram com o coletivo, e já são elementos conscientes do organismo do Homem Celeste. Com a assistência deles, e com sua ajuda, o homem desperta gradualmente para a realização que eles já atingiram.

Atualmente existe muito interesse por esse assunto da iniciação, e se tem supervalorizado o seu aspecto ritual. Devemos lembrar que toda grande expansão de consciência é uma iniciação. Cada passo à frente na senda do despertamento é uma iniciação. Quando um átomo de matéria passa a compor uma forma, para ele isso é uma iniciação. Ele adquire consciência de outro tipo de energia, e seu raio de contatos se amplia. Quando a consciência do reino vegetal e do reino animal se uniram, e a vida se transferiu de um para outro, isso foi uma iniciação. Quando a consciência animal se expandiu para a do ser humano, deu-se outra grande iniciação. Os quatro reinos já experimentaram iniciações, ou expansões de consciência.

Diante da humanidade se encontra agora o quinto reino, o espiritual, e da mesma forma será atingido por uma determinada iniciação, como sabem aqueles que lêem de forma inteligente o *Novo Testamento*. E em todos os casos, essas iniciações foram alcançadas com a ajuda d'Aqueles que sabem.

Dessa forma, não existem, dentro do plano evolutivo, grandes saltos entre um reino e outro, e entre um nível de consciência e outro, e sim um crescimento gradual de consciência, do qual cada um de nós já participou e participará. Se lembrarmos essa característica universal da iniciação, teremos um enfoque mais adequado. A cada vez que nos tornamos mais conscientes do que nos cerca, e nosso conteúdo mental se expandir, isso é uma iniciação em pequena escala. Sempre que nosso horizonte se amplia, e passamos a pensar e ver com maior amplitude, é uma iniciação, e aí temos o significado da própria vida, e a amplitude de nossas oportunidades.

Algo que eu gostaria de salientar é o seguinte: toda iniciação tem que ser uma auto-iniciação. O estágio final, em que nos chega o auxílio do exterior, não se obtém porque existem grandes Seres ansiosos para ajudar e que vêm a nós onde estivermos e procuram elevar-nos. Ele nos chega porque fizemos o trabalho necessário, e nada pode impedir que nos chegue. É nosso direito. Aqueles que chegaram lá podem, e irão, e estão nos auxiliando, mas Suas mãos ficam atadas até que tenhamos feito a nossa parte. Portanto, nada do que fizermos para nos tornar mais úteis ao mundo, nenhuma ação para construir corpos mais aperfeiçoados, nenhum esforço que façamos para adquirir o auto-controle e preparar nosso corpo mental, jamais será perdido. Estamos acrescentando todas essas coisas ao somatório que estamos acumulando, que um dia nos conduzirá à grande revelação, e o esforço que fazemos a cada hora e a cada dia expande a onda de energia que nos há de arrastar ao portal da iniciação. O significado da palavra "iniciação" é "entrar em". Significa apenas que o iniciado é alguém que deu os primeiros passos no reino espiritual, e recebeu as primeiras séries de revelações, sendo cada uma delas uma chave para outras ainda maiores.

6ª Conferência

O objetivo da evolução

Ao utilizar um título como esse, a meta da evolução, sinto-me extremamente constrangida: dou-me conta de que a única coisa que posso fazer é colocar-lhes algumas hipóteses por mim imaginadas. Naturalmente, não é possível para uma mente finita julgar adequadamente o plano da Divindade. O máximo que podemos fazer é estudar a história anterior, investigar o presente, descobrir algo das tendências raciais e naturais, e assim acompanhar, com a lógica possível, os vários estágios e etapas. Só podemos partir da base sólida dos fatos e do conhecimento obtido, reuni-los, e desse conjunto criar uma hipótese sobre o que seria essa possível meta. É impossível ir além.

Nestas palestras sobre a evolução, como mencionei na primeira, estamos tratando um tanto de suposições, lidando com possibilidades. Algumas coisas nós sabemos, e algumas verdades já foram comprovadas; contudo, mesmo as conclusões da ciência, por exemplo, tais como foram expostas com insistência há uns quarenta anos atrás, já não são consideradas fatos, e não são mais utilizadas ou divulgadas drástica e enfaticamente como então. A própria ciência está descobrindo a cada ano que seu conhecimento é muito relativo. Quanto mais uma pessoa absorve e sabe, maior é o horizonte que se abre diante dela. Os cientistas agora estão adentrando nos planos mais sutis da matéria, portanto os reinos do que não se pode provar, e devemos lembrar que até recentemente a ciência se recusava a admitir sua existência. Estamos indo além do nível do que se chama "matéria sólida", para o reino a que nos referimos ao falar de "centros de energia", "força positiva e negativa" e "fenômenos elétricos"; e se tem dado mais ênfase aos atributos dela do que ao que chamamos de matéria. Quanto mais longe olhamos, mais amplas são nossas cogitações, e mais temos que levar em conta os fenômenos telepáticos, psíquicos e outros; quanto mais adentramos o território do que é hoje subjetivo e subconsciente, mais seremos obrigados a expressar-nos em termos de qualidades ou de energia.

Se conseguirmos de fato chegar ao que é estranho e ainda inexplicável para nós, e provar a realidade do oculto, nos confrontaremos com uma situação que poderia quase ser chamada de paradoxal. Iremos gradualmente tornar objetivo o subjetivo.

O tema de que vou tratar agora nos afeta muito de perto: ou seja, a conquista, pelo homem, daquela consciência coletiva que é a sua meta, e a expansão de sua pequena consciência até se equiparar àquela mais ampla de que faz parte.

Devem lembrar que ao tentar explicar a diferença entre consciência individual, consciência coletiva e consciência divina, exemplifiquei mostrando que no pequeno átomo de matéria do corpo físico, aquele minúsculo núcleo de vida que integra a forma humana, vemos uma correspondência com a auto-consciência do ser humano; que a vida do corpo físico, vista como um todo, com seus elementos, representa para essa pequena unidade encerrada em si mesma o que a consciência coletiva é para nós – tão inexplicável e longínqua quanto esta. Se pudermos ampliar essa idéia do átomo de nosso corpo e sua relação com o ser humano, o pensador, para o nível do átomo humano, vendo-o como uma unidade dentro de um organismo maior, poderemos compreender as diferenças radicais entre esses três focos de consciência.

Há uma analogia muito interessante entre a evolução do átomo e do homem (e portanto, suponho, entre a da Divindade planetária e a do Logos Solar) nos dois métodos de desenvolvimento seguintes. Vimos que o átomo possui sua própria vida, e que todo átomo de matéria do sistema solar é semelhante a um pequeno sistema em si mesmo, com um núcleo positivo, um sol central, com os elétrons, os elementos negativos, girando em suas órbitas em torno dele. Assim é a vida interna do átomo, sua estrutura auto-centrada. Vimos também que o átomo hoje está sendo estudado sob um novo enfoque, o da radioatividade, e viu-se que em muitos casos existe uma radiação ativa. Até onde essa descoberta nos levará é impossível dizer, pois o estudo das substâncias radioativas encontra-se ainda em fase inicial, e pouco se conhece ainda. Muitos conhecimentos da física foram revolucionados com a descoberta do rádio, e quanto mais os cientistas descobrem, mais se torna evidente (como eles próprios estão se dando conta) de que estamos no limiar de grandes descobertas, e à beira de profundas revelações.

No ser humano também podem ser vistos esses dois estágios, à medida que ele evolui. Há um estágio inicial, ou atômico, em que o centro de interesse do homem é ele próprio, sua própria esfera, e a auto-centração é a regra que o conduz, e esse é um estágio necessário e protetor da evolução. O homem é totalmente egoísta, interessado fundamentalmente em seus próprios objetivos. Esse estágio é seguido por outro, em que a consciência humana começa a se expandir, seus interesses começam a se colocar fora de sua esfera individual, e chega um momento em que ele começa a sentir pelo grupo a que pertence. Podemos ver esse estágio como correspondente ao da radioatividade. Ele não é mais uma vida auto-centrada, mas começa a exercer um efeito sobre o que o cerca. Está retirando a atenção de sua existência egoísta, e buscando um centro maior ao qual pertence. Está deixando de ser apenas um átomo e está se tornando um elétron, sob a influência daquela grande Vida central que o conserva dentro de sua esfera de atuação.

Se assim é, devemos ter níveis análogos na vida da Divindade planetária, e talvez isso tenha a ver com diversas vicissitudes e acontecimentos no planeta. Geralmente consideramos os acontecimentos planetários como resultantes da ação humana. A guerra mundial, por exemplo, é considerada geralmente como o resultado dos erros e fraquezas humanas. Talvez o seja, pois indubitavelmente as condições econômicas e as ambições humanas podem ter tido um grande papel na sua eclosão; mas talvez, também, possa em parte ter sido conseqüência dos propósitos daquela grande Vida diretora cuja consciência ainda não é a nossa,[1] e que possui os seus próprios planos, propósitos e ideais, e que talvez também faça suas experiências com a vida. Em sua escala maior, e em seu próprio nível mais elevado, esse Espírito Planetário está aprendendo a viver, a fazer contatos, e a expandir da mesma forma a Sua consciência; Ele também está na escola, assim como vocês e eu. Portanto, pode ser que o sistema solar e eventos de tal magnitude estejam além de nosso alcance.

Talvez ocorram coisas dentro do sistema solar que sejam devidas ao processo de execução dos planos da Divindade ou Logos, aquela Vida diretora que é a fonte de energia de tudo que nele existe. Não sei, mas é uma linha de raciocínio interessante, e não faz mal refletir a respeito, se isso levar a uma visão mais ampla, uma tolerância maior, um otimismo maior e com mais sabedoria.

Já tendo visto que os dois estágios – de atividade atômica e de radioatividade – caracterizam a evolução de todos os átomos do sistema solar, vejamos agora que espécie de desenvolvimento se pode encontrar na evolução da consciência que reside no átomo humano. Gostaria de focalizar nossa atenção nessa consciência humana, pois é o tipo de

---

1 Certos eventos considerados catástrofes e tragédias no planeta poderiam perfeitamente ser entendidos (se não fôssemos tão egocentrados e convictos de que a vida consciente começa e acaba conosco) como uma reação de sobrevivência do organismo planetário às nossas agressões; uma providência de homeostase – a busca do equilíbrio que rege todo organismo – para contrabalançar a doença provocada por seus inquilinos. Um exemplo é o que fazemos ao infectar gravemente as veias do planeta – seus cursos d'água – e seu corpo, com venenos de toda espécie, nos comportando como verdadeiras bactérias patogênicas perigosas. Reações "antibióticas" serão inevitáveis, porque toda consciência é responsável pela integridade da forma que habita, e que tem uma tarefa a cumprir (N.T.).

evolução central do sistema solar.

Quando os três aspectos da vida divina se unem – a vida ou espírito encarnado, a forma ou veículo material, e a ação inteligente – isso leva a certos resultados. Teremos o desenvolvimento gradual de um determinado tipo de consciência; o desenvolvimento das qualidades psíquicas; os efeitos da vida interna sobre a forma material; a utilização dessa forma para fins específicos, e a obtenção de certas qualidades pela entidade encarnada. A verdadeira natureza da vida diretora, seja Deus ou o homem, se manifestará ao longo de um ciclo de existência, seja solar ou humano. Isso vale para vocês e para mim, e provavelmente para o Logos Planetário, e se assim for, também para o Logos Solar.

Vamos então, se possível, verificar os diversos tipos de desenvolvimento das nossas quatro espécies de átomos – o átomo de matéria, o átomo humano, o átomo planetário e o cósmico.

Um dos primeiros e mais importantes tipos de progresso é a resposta consciente a todas as vibrações e contatos – isto é, a capacidade de responder ao não-eu, em todos os planos. Vou exemplificar. Eu poderia reunir, em alguns auditórios desta cidade, uma audiência composta por pessoas sem instrução e iletradas, fazer uma palestra e repetir-lhes o que acabei de dizer nesta noite – e não obter qualquer resposta. E também poderia fazer uma palestra como fiz há dez anos atrás, sobre temas estritamente evangélicos, e ter uma reação imediata. Não se trata da questão do que é certo ou errado, apenas da diferença de capacidade de pessoas de níveis e tipos diversos em diferentes estágios de evolução, para responder aos contatos e às vibrações. Significa apenas que algumas pessoas encontram-se num estágio em que podem responder a um estímulo emocional, que diga respeito a sua própria salvação, e se acham ainda no estágio atômico inicial. E há um outro estágio que inclui isso, mas faz com que a pessoa reaja também a um estímulo mais intelectual, quando então esse tipo de assunto de que estamos tratando – por exemplo, a investigação de temas que dizem respeito ao coletivo – lhe desperta interesse e satisfação. Mas ambos os estágios são igualmente corretos.

Podemos analisar isso por outro ângulo: é bem possível que nos encontremos com grandes pessoas, homens e mulheres excepcionais, e não sejamos tocados por eles; podemos passar por eles sem reconhecê-los, e assim perder aquilo que eles teriam para nos dar. Isso aconteceu com o Cristo, na Palestina, há dois mil anos. Por que? Porque nós ainda não somos suficientemente evoluídos para responder. Ainda nos falta algo, e por isso não somos capazes de nos dar conta ou sentir a sua vibração específica. Já ouvi dizer, e acho que é certo, que se o Cristo descesse à Terra novamente, e andasse entre os homens como o fez, poderia viver entre nós dia após dia, e não veríamos nada Nele de tão diferente das outras pessoas boas e não-egoístas que conhecemos. Ainda não desenvolvemos dentro de nós a capacidade de responder ao divino nos nossos irmãos. Geralmente vemos apenas o que é ruim e inferior, e nos damos conta principalmente dos erros de nosso irmão. Ainda somos insensíveis aos seres superiores.

Outro tipo de progresso que ocorre é que seremos capazes de atuar conscientemente em todos os planos de existência. Hoje atuamos conscientemente no plano físico, e algumas pessoas são capazes de atuar de forma igual no seguinte plano sutil, o que é chamado de plano astral, (um termo que me desagrada muito, pois não traz nenhum sentido real) o plano emocional, ao qual o homem vai quando sai do corpo físico, durante o sono, ou imediatamente após a morte. Muito poucos seres humanos podem atuar no plano mental com a consciência totalmente desperta, e menos ainda podem fazê-lo no plano espiritual. O objetivo da evolução é que possamos atuar plenamente despertos, e com uma consciência contínua, através dos planos físico, emocional e mentais.[2] Essa é a grande realização que um dia será nossa. Então saberemos o que fizermos em todos os momentos do dia, e não somente em cerca de quatorze das vinte e quatro horas. Atualmente somos inconscientes de onde está nosso verdadeiro ser pensante durante as horas de sono. Não sabemos o que faz, nem como é o que o cerca. Algum dia nós utilizaremos todos os minutos de todas as horas do dia.

Outro dos objetivos da evolução é tríplice: que nós tenhamos sintonizado a vontade, o amor e a energia. Isso ainda não acontece. Vemos atualmente muita energia inteligente se evidenciando, mas é muito raro mesmo encontrar alguém cuja vida seja animada por um objetivo essencial, perseguido de forma constante, movido por amor e atuando de forma inteligente. Mas chegará o momento em que teremos expandido tanto nossa consciência, e seremos tão ativos internamente, que nos tornaremos radioativos. E então seguiremos um objetivo

2 Mental Concreto (intelecto) e Mental Abstrato (Causal) (N.T.)

definido, que será a realização do amor, e o atingiremos por meio da inteligência. É o que Deus faz, não é?

Em nosso presente estágio de desenvolvimento, somos sem dúvida inteligentes, mas ainda há pouco amor. Podemos ter um pouco de amor por aqueles que encontramos e conhecemos, e um amor maior por nossa família e amigos mais chegados, mas não conhecemos praticamente nada do amor universal. Contudo, quando esse amor universal é expresso pelos grandes idealistas da humanidade, é fato que já alcançamos o nível em que podemos responder a ele de certa forma, e sentir que é algo que gostaríamos de ver concretizado. É bom lembrar que quanto mais refletirmos dentro desses moldes realmente altruísticos, mais estaremos construindo algo valioso, e desenvolvendo, em lentas e laboriosas etapas, os rudimentos de uma verdadeira consciência coletiva, que por enquanto se acha muito distante para muitos de nós.

Há muitos outros tipos de desenvolvimento de que poderíamos falar, no processo evolutivo, e que hoje ainda se acham tão distantes que são praticamente inconcebíveis, a não ser que tenhamos o tipo de mente capaz de pensar em termos abstratos.

Há o nível em que se pode transcender o tempo e o espaço, em que a consciência coletiva de todo o planeta, por exemplo, será a nossa, e será tão fácil fazer contato com a consciência de um amigo na Índia, na África ou em qualquer lugar como o seria aqui; a distância e a separação não serão mais barreiras para o relacionamento. Uma amostra disso se pode ver na capacidade que algumas pessoas possuem de se comunicar telepaticamente ou de exercer a psicometria.[3]

É bom ficarmos um pouco contemplando essa meta distante, e imaginando a conquista do nível do Logos daqui a bilhões de anos, mas o que é de vital interesse para nós é termos idéia do estágio imediato à nossa frente, e entender o que devemos esperar, no processo evolutivo, nos próximos milênios. Vamos refletir sobre isso um pouco.

Existem no mundo, como se sabe, três abordagens principais na esfera do pensamento: a científica, a religiosa e a filosófica. O que temos nelas? A abordagem científica abrange tudo que diz respeito à matéria, o aspecto substância da manifestação; implica em objetividade, no que é material, tangível e se pode ver; literalmente, o que pode ser provado. No pensamento religioso temos o que se refere à vida no interior da forma, que trata do retorno do espírito à sua origem, junto com tudo aquilo que conquistou no uso da forma; é o que diz respeito ao lado interno da natureza. Na abordagem filosófica temos o que se poderia dizer a utilização da inteligência pela vida encarnada, de modo a adequar a forma a suas necessidades. A partir disso, vamos analisar alguns progressos que podem ser esperados no futuro imediato, lembrando que tudo que digo vale como sugestão, sem intenção dogmática.

É evidente para a maioria dos que pensam que a ciência, tendo iniciado o estudo da radioatividade, está prestes a descobrir a natureza da energia interna do átomo. É muito provável que daqui a não muito tempo possamos utilizar a energia atô-

3 Faculdade que consiste em "ler" a aura de um objeto ou local, podendo-se visualizar cenas anteriores a que esteve presente, mesmo do remoto passado. Nada tem a ver, em que pese o termo idêntico, com a faculdade de escrita mediúnica (N.T.).

mica para todos os fins imagináveis, para aquecimento, iluminação, e para o que se poderia chamar de móvel de tudo o que se realizar no planeta. Essa energia, como alguns sabem, quase foi descoberta nos Estados Unidos, há cinqüenta anos atrás, por um homem chamado Keely, mas não lhe foi permitido divulgá-la devido ao perigo que envolvia. Os homens ainda são egoístas demais para merecerem confiança no trato da energia atômica. Essa descoberta provavelmente acompanhará o desenvolvimento da consciência coletiva. Somente quando os homens se tornarem radioativos e puderem atuar e pensar em termos coletivos, será seguro e prudente utilizar a força latente no átomo. Tudo na natureza é magnificamente coordenado, e nada pode ser descoberto ou utilizado antes do momento certo. Somente quando o homem se tornar não-egoísta será permitido que essa tremenda força chegue às suas mãos.[4] No entanto, creio que podemos esperar que a ciência faça grandes avanços no estudo da energia atômica.

Também junto com a evolução do ser humano, podemos esperar que ele obtenha a conquista do ar. Existe no sistema solar uma grande esfera vibratória, ou plano, chamada em alguns livros de ocultismo de plano intuicional; na literatura oriental é denominado de plano búdico, e é simbolizado pelo ar. Ao mesmo tempo em que o homem está começando a ir ao encontro desse plano, pelo desenvolvimento da intuição, a ciência está começando a conquistar o ar, e à medida que a intuição do homem cresça e se desenvolva, o seu domínio do ar

4 As afirmativas da autora cobrem-se de sentido, quando recordamos a utilização do átomo para fins bélicos, nas detonações atômicas sobre Hiroshima e Nagasaki.

se desenvolverá e aumentará.

Outra coisa que podemos esperar (e já se pode de certa forma verificar) é o desenvolvimento da capacidade de enxergar nos planos mais sutis. Estão nascendo em toda parte crianças que enxergam mais do que vocês e eu. Refiro-me a algo exclusivamente relativo aos níveis físicos, à visão material. Falo da visão etérica, que é a visão da matéria mais sutil do plano físico, daquilo a que chamamos os éteres. Um trabalho muito interessante tem sido feito nessa área por estudantes e cientistas da Califórnia. O dr. Frederick Finch Strong vem realizando um valioso trabalho nesse campo, e diz que o olho físico é capaz de ver etericamente, e que a visão etérica é a função normal do olho. O que significará o desenvolvimento dessa faculdade? Significará que a ciência vai ter que alterar em definitivo a sua perspectiva em relação aos planos sutis. Se, dentro dos próximos cem anos, certos aspectos e formas de vida, até agora tidos como imaginários, começarem a fazer parte da visão das pessoas comuns, teremos dissipado para sempre esse espesso materialismo que nos caracteriza há tanto tempo; e se o que é agora invisível for reconhecido dentro de qualquer abordagem, quem pode prever aonde poderemos chegar com o passar do tempo?

A tendência da evolução é para a síntese. Quanto mais se desce à matéria, ou no sentido da materialização, mais temos heterogeneidade; ao retornar para o espírito, tendemos à homogeneidade; portanto, no ambiente religioso podemos esperar que surja a unidade. Já existe, mesmo atualmente, um espírito de tolerância maior do que há cinqüenta anos atrás; mas aproxima-se com rapidez a época em que a grande unidade essencial que existe na base de todas as religiões, e a noção de que cada uma é uma parte integrante de um grande Todo, serão reconhecidas por todos, e com isso teremos a simplificação da religião. Terão mais importância e serão utilizadas as grandes idéias fundamentais, e as pequenas e insignificantes diferenças de estrutura e explicação serão desprezadas.

Também podemos aguardar algo muito interessante que ocorrerá com a humanidade: quando a consciência coletiva se tornar, em larga escala, a meta consciente das criaturas, o que acontecerá? O homem estará colocando os pés no que é chamado na área espiritualista de *A Senda*. Estará se assumindo de forma definitiva, buscando viver a vida do espírito, recusando-se para sempre a viver uma vida atômica auto-centrada; estará buscando seu lugar no grande todo, encontrando-o por uma busca pessoal e depois unificando-se com o coletivo. Isso é o que no fundo significam os ensinamentos sobre a Senda nas religiões protestantes, católica e budista. Todas ensinam a trilhar essa Senda, denominando-a de formas diferentes, como o Caminho, o Nobre Óctuplo Caminho, a Senda da Iluminação, ou a Senda da Santidade. E no entanto, é uma única senda, que brilha cada vez mais até ser dia perfeito.

Podemos esperar também o desenvolvimento da capacidade de pensar de forma abstrata, e o despertar da intuição. À medida que as grandes raças se sucederam no planeta, sempre houve um desabrochar ordenado dos poderes da alma, numa seqüência organizada e planejada. Na terceira raça-raiz, a lemuriana, o aspecto físico do homem foi levado a um alto grau de perfeição. Depois, na grande raça que nos antecedeu, a atlante, que pereceu na inundação do continente, desenvolveu-se a natureza emocional do homem. E então, na raça a que pertencemos hoje, a ariana ou quinta raça, a meta é o desenvolvimento da mente concreta ou interior,[5] e o estamos fazendo década após década. Alguns poucos também estão desenvolvendo a capacidade de pensar em nível abstrato. Quando isso acontece, vemos aquela peculiar e interessante capacidade que algumas pessoas demonstram, a que chamamos inspiração. Não me refiro à mediunidade, nem à capacidade mediúnica.

Mas há algo de que a mediunidade é apenas uma distorção, que é a inspiração. E a possibilidade de ser inspirado significa que a mente atingiu um nível evolutivo em que está consciente e positivamente sob o controle de seu próprio eu superior, o deus interno. Esse dirigente interno, o eu real, pode, num contato dirigido, controlar o cérebro físico, e permitir ao homem tomar decisões e compreender a verdade sem o uso da faculdade racional; esse deus interno pode fazer com que a pessoa fale, escreva ou transmita a verdade sem a utilização da mente inferior. A verdade está dentro de nós. Quando pudermos fazer contato com nosso deus interno, a verdade nos será revelada. Seremos conhecedores. Mas isso é algo positivo, não negativo, e significa a sintonia direta e consciente da pessoa com o seu ego, ou eu superior, e não a abertura da personalidade a qualquer entidade ou fantasma errante.

Podemos ver isso ocorrendo presentemente, de

5 O intelecto, relacionado ao corpo mental concreto (N.T.)

forma eventual, mas não é muito freqüente que o homem comum entre em contato com o seu eu superior. Apenas nos momentos de maior esforço, nas grandes crises da nossa vida, e como resultado de longa disciplina e árdua meditação, isso acontece. Algum dia, porém, controlaremos totalmente nossas vidas, não de uma perspectiva pessoal e egoísta, mas da perspectiva do deus interno, que é a expressão direta do espírito, num plano mais alto.

Quero concluir dizendo que a meta para todos nós é o desenvolvimento dos poderes da alma ou psique. Isso quer dizer que vocês e eu seremos dotados de poderes psíquicos. Mas não utilizo o termo "psíquico" como é geralmente entendido, nem com a acepção comum. A psique é, literalmente, a alma dentro de nós, o eu superior, que emerge de nosso eu inferior triplo como a borboleta surge da crisálida; é a bela realidade que iremos conquistar como resultado de nossa vida, ou vidas, aqui embaixo. Os verdadeiros poderes psíquicos são aqueles que nos colocam em contato com a vida coletiva do corpo físico, que usamos diariamente, nos colocam em contato com os indivíduos, mas quando houvermos desenvolvido os poderes da alma, e suas potencialidades desabrocharem, seremos então verdadeiros psíquicos. E o que são esses poderes? O máximo que posso fazer hoje é enumerar alguns, entre os muitos.

Um deles é o domínio consciente da matéria. A maioria de nós controla conscientemente o corpo físico, fazendo-o executar nossas ordens no plano físico. Alguns controlam conscientemente as emoções, mas poucos conseguem controlar a mente. A maioria é dominada por seus desejos e pensamentos. Mas chegará o dia em que dominaremos conscientemente nossa tríplice natureza inferior. Então o tempo não existirá mais para nós. Gozaremos daquela continuidade de consciência nos três planos de existência – físico, emocional e mental – que nos permitirá viver como o Logos, naquele estado metafísico abstrato, o Eterno Presente.

Outro poder da alma é a psicometria. Em que consiste? Pode ser conceituada como a capacidade de tomar um objeto material, que pertence por exemplo a uma pessoa, e por meio dele colocar-se em sintonia com essa pessoa, ou grupo de pessoas. A psicometria consiste na lei da associação de idéias aplicada a uma faixa vibratória de energia, com o objetivo de obter informações.

A humanidade também se tornará clauriaudiente e clarividente, o que quer dizer a capacidade de ouvir e enxergar tão perfeitamente nos planos sutis como no físico. Significa a capacidade de ouvir e enxergar tudo que se relaciona com o coletivo – ou seja, ouvir e ver na quarta e na quinta dimensões. Não sou tão boa em matemática que possa explicar essas dimensões, e fico confusa quando penso nisso, mas deram-me um exemplo que tornou a questão um pouco mais clara. Um jovem pensador sueco explicou-a da seguinte forma:

"A quarta dimensão é a capacidade de se ver através e em torno de um objeto. A quinta dimensão significa a possibilidade, por exemplo, de, através de um olho, colocar-se em relação com todos os outros olhos do sistema solar. Na sexta dimensão, a visão pode ser entendida como a capacidade de tomar um seixo da praia, e por meio dele se colocar em sintonia com todo o planeta. Na quinta dimensão, partindo do olho, ficamos limitados a um elemento específico da manifestação, mas na sexta dimensão, através do seixo, ficamos ligados ao planeta inteiro".

Isso ainda está muito distante de nós, mas é interessante comenta-lo, e encerra uma esperança para todos nós.

Não temos tempo para tratar de outros poderes, nem posso enumerar a todos. A cura pelo toque será um deles. A manipulação dos fluidos magnéticos, e a criação consciente por meio do som e da cor serão outros.

O que devemos fazer hoje é nos dirigirmos conscientemente, buscarmos nos colocar cada vez mais sob o comando do eu interno, procurarmos ser radioativos, e desenvolver a consciência coletiva.

7ª Conferência

Evolução cósmica

Poder-se-ia considerar ridículo que alguém pretenda fazer uma palestra sobre a evolução cósmica, pois naturalmente é um tema sobre o qual nem eu nem qualquer outro mortal sabe nada, e por conseguinte somos totalmente incapazes de falar a respeito. No entanto, podemos fazer certas deduções, baseadas na lei de analogia, que podem nos levar a reflexões bem interessantes.

Por várias semanas estivemos analisando a evolução do átomo, nível a nível, até que englobamos o próprio sistema solar sob o termo "átomo". Estudamos inicialmente, em termos gerais, o átomo de matéria, depois o átomo humano, e depois aplicamos o que foi visto sobre ambos àquela esfera ou átomo maior, o planeta, que chamamos de átomo planetário; e por fim ampliamos ainda mais a idéia, para o átomo do sistema solar, considerando que ele faz parte de um todo ainda maior.

Vimos que há uma grande Inteligência ou Mente operando através da forma do sistema solar, um Ser que anima o sistema inteiro, do mais ínfimo átomo material até aquela grande Vida que energiza o planeta.

Depois de estabelecer essas bases, vimos que a consciência humana se distingue de todos os outros tipos anteriores por ser auto-consciente; que a auto-consciência do homem leva a algo maior ainda, a consciência do grande Espírito Planetário, o que se pode expressar melhor, talvez, pelo termo "consciência coletiva".

À medida que a evolução continua, o ser humano passará do estágio de auto-consciência em que estamos nós agora, para o que se chama de consciência coletiva, algo praticamente desconhecido até agora, a não ser como um belo ideal, um sonho que pode um dia se materializar, num futuro distante. A consciência coletiva conduz logicamente ao que nós, por falta de um termo melhor, podemos chamar de Consciência Divina, embora eu desaprove o uso da palavra Deus, por causa dos muitos desentendimentos que causa entre os diferentes pensadores da humanidade. Essas diferenças se baseiam muito em diferenças de terminologia, nos termos usados para expressar idéias básicas, e métodos diversos de organização. Quando, por exemplo, o cientista fala de força ou energia, e o cristão fala em Deus, e o hindu utiliza termos análogos ao "Eu sou Aquilo que Sou", ou ego, todos estão falando de uma mesma vida superior, mas perdem longo tempo tentando provar que o outro está errado, e demonstrar que sua própria interpretação é correta.

Depois, vimos que, em termos gerais, a evolução do átomo pode ser dividida em duas partes ou estágios: a um chamamos de estágio atômico, e ao outro, em falta de um termo melhor, de estágio radioativo. O estágio atômico é aquele em que o átomo vive sua própria vida, auto-centrado, e preocupa-se somente com sua própria evolução. À medida que a evolução continua, vê-se que o átomo começa a responder a uma vida maior fora de si mesmo, e aqui temos o período da construção das formas.

Vimos após como, em nosso caso, como no de todos os indivíduos auto-conscientes, acontece o mesmo, e que somos uma vida diretora que mantém sob seu comando os átomos que constituem os corpos mental, emocional e físico.

Em seguida vimos que, se é verdade que existe um estágio auto-centrado, ou atômico, para o átomo e para o átomo humano, então seria lógico supor algo semelhante para o átomo planetário, animado por sua vida interna espiritual. Assim chegamos ao terreno das suposições. Perguntamo-nos se tudo o que ocorre em nosso planeta não seria conseqüência do estágio auto-centrado do grande Ser que está realizando seus propósitos através dele. E por fim, estendemos a mesma idéia ao nosso próprio sistema solar.

A seguir analisamos o segundo estágio, aquele que os cientistas vêm estudando, no átomo da química e da física, nos últimos vinte anos – o estágio radioativo. Vimos como existe uma condição análoga na evolução do átomo humano, e que há um período que o antecede, semelhante ao estágio atômico, em que o homem é totalmente egoísta, inteiramente auto-centrado, e não se interessa pelo bem-estar do grupo a que pertence. Este estágio é muito evidente no mundo atual. Uma grande percentagem da humanidade encontra-se no estágio atômico, mas devemos lembrar que é uma forma de proteção, e é necessário; todo indivíduo da família humana precisa passar por ele, no processo de encontrar o seu lugar na coletividade, e isso lhe permite desenvolver algo valioso para trazer ao grupo ao ingressar no segundo estágio.

Existem no mundo, hoje, indivíduos que estão passando para o segundo estágio; estão se tornando radioativos e magnéticos, influenciam outros seres e estão adquirindo a consciência coletiva; estão saindo do estágio "Eu sou" para o "Eu sou Aquilo"; estão começando a conhecer a vida e o objetivo daquele grande Ser de cujo corpo fazem parte, começando a despertar para o propósito do Espírito Planetário, que anima toda a manifestação sobre a Terra. Estão começando a cooperar com o Seu plano, a trabalhar para a melhoria coletiva; e a diferença entre eles e os outros átomos da humanidade é que adquiriram uma consciência grupal, um horizonte mais vasto, a noção do coletivo, um objetivo mais amplo. Ao mesmo tempo, não perderam sua auto-consciência, nem sua identidade, e sua própria esfera de vida permanece, mas colocam toda a força e energia que flui através deles, não na realização de seus projetos pessoais, mas para a colaboração inteligente com aquela grande Vida de que fazem parte.

Pessoas assim ainda são poucas, mas quando seu número for maior, poderemos esperar uma mudança nas condições do planeta, e a chegada daquela época de que fala São Paulo, quando diz: "Não haverá divisões no corpo, mas seus membros cuidarão uns dos outros. Quando um sofrer, todos sofrerão juntos, quando um for honrado, todos se alegrarão... o mesmo Deus age em todos. Há diversidade de dons, mas o mesmo espírito; há diferença de ministérios (ou serviços), mas o mesmo Senhor".

Quando todos nós adquirirmos a consciência coletiva, todos despertarmos para o propósito que rege a manifestação em nosso planeta, estivermos conscientemente ativos, e dirigindo nossa energia para a realização dos projetos coletivos, então teremos o que os cristãos chamam de "o milênio".

Portanto, se existem esses dois estágios na evolução do átomo de matéria e do átomo humano, e constituem a base de todo o desenvolvimento futuro, então no átomo planetário teremos os mesmos dois estágios – aquele em que a Vida planetária está realizando seus próprios projetos, e outros, depois, em que Ele se une aos projetos maiores da Vida que anima nosso sistema solar. Ainda não estando em condições de ter uma conversa com o Espírito Planetário, não posso dizer-lhes se Ele já está colaborando com o propósito do Logos Solar; mas podemos ter uma idéia do seu plano geral estudando a evolução da humanidade e o desenrolar dos grandes projetos globais para nosso planeta.

Devemos ter em mente, também, que embora os seres humanos se considerem a maior e mais elevada expressão de vida do planeta, pode haver outras linhas de evolução, das quais ainda pouco sabemos. Precisamos estudar não apenas o homem, mas também a evolução angélica, ou dévica, como a chamam os hindus. Isso abrirá um imenso campo de estudo e pesquisa para nós.

E assim, no sistema solar deveremos encontrar estágios análogos. Constataremos, provavelmente, que a grande Vida que anima o sistema solar o faz através dos grandes centros de força a que chamamos de átomos planetários; que esses centros, por sua vez, atuam por meio de centros ou grupos menores, transmitindo sua energia por meio de grupos de átomos humanos, para os vários reinos da natureza, e para o pequeno átomo de matéria que, por sua vez, reflete o sistema solar. Se pensarmos bem, essa questão da vida atômica é extremamente interessante, e nos leva a muitos tipos de conjecturas. Um dos aspectos interessantes que nos aponta é a íntima relação e interação de todos os tipos de átomos, e a unidade que tudo abarca, que finalmente acabaremos reconhecendo.

Se vimos que existe um estágio, na evolução de todos os tipos de átomos, em que eles sentem e buscam sua integração no grupo, se é verdade que em todas as manifestações de consciência existe um estágio auto-consciente e outro de consciência coletiva, não seria lógico e possível que talvez, afinal, nosso sistema solar seja apenas um átomo de um todo maior? Não poderia existir para nosso sistema solar, e para nosso Logos Solar, uma vida diretora maior para a qual o Espírito que anima nosso Sol esteja sendo gradualmente atraído, e a cuja consciência a nossa Divindade aspire?

Existem quaisquer indícios de tal atração, ou meta? Existirão, fora de nosso sistema, esferas maiores de vida estelar, que exerçam uma influência sobre ele? Isso pode ser apenas uma suposição, mas tem aspectos interessantes. Se analisarmos obras de astronomia, para ver se os astrônomos confirmam isso, encontraremos grande número de opiniões contraditórias; veremos que alguns astrônomos afirmam que na constelação das Plêiades existe um ponto central em torno do qual gravita o nosso sistema; outros dizem que na constelação de Hércules é que se encontra o centro de atração magnética de nosso sistema. Mas também se pode encontrar contestações radicais a isso. Alguns astrônomos falam de "corrente estelar", e dizem que essa corrente ou influxo de algumas estrelas se exerce em direções determinadas; outros declaram que as distâncias astronômicas são tão vastas que é impossível determinar se alguns sistemas estão seguindo certas órbitas ou não.

Entretanto, se formos consultar algumas obras antigas, as chamadas mitológicas (e o mito pode ser conceituado como algo que contém uma grande verdade escondida até que sejamos capazes de entendê-la) e se estudarmos as antigas obras orientais, veremos que em todas elas há duas ou três constelações que se considera possuírem uma relação particularmente íntima com nosso sistema solar. Os astrônomos modernos têm uma atitude agnóstica em relação a isso, e do ponto de vista da ciência materialista, com razão. Gostaria de salientar que um tema como esse, que divide cientistas e astrônomos, mas segue sendo um objeto de controvérsia, e sobre o qual as obras orientais se manifestam claramente, deve ter uma base real, e provavelmente haja facetas de verdade nessa afirmação. Pessoalmente, entendo que esse aspecto da verdade será encontrado, não na esfera da interpretação material, mas da consciência; que nesses livros se trata da evolução psíquica que ocorre no interior de todos os átomos (uso o termo psíquico no sentido de consciência interna), e que aquilo que ali se aponta é o fato de termos uma relação oculta com outros sistemas solares. A verdade poderá estar aí.

A vida interna pode ser uma; a energia que flui entre os sistemas pode ser uma só; mas nas formas físicas existe diversidade. Talvez na evolução da inteligência, na expressão do amor ou consciência coletiva, e no desenvolvimento da vontade ou propósito exista unidade, a unidade da vida interna, e se reconheça, afinal, que na forma, e somente nela, existe separação e diferenciação.

Nos livros antigos do Oriente se diz que as sete estrelas da Ursa Maior, as sete estrelas das Plêiades e a estrela Sírius têm uma estreita relação com nosso sistema solar, e uma relação psico-magnética com nosso Logos Solar.

Já vimos que a meta do átomo de matéria é a auto-consciência, e que para a Entidade que está evoluindo através de um planeta, a meta pode ser a Consciência Divina. Sem dúvida, quando falamos do Logos Solar, nos faltam palavras, contudo mesmo para Ele deve existir também uma meta. Podemos dizer que é a Consciência Absoluta, se quiserem.

Vamos exemplificar. Nosso corpo, como já foi dito, é composto por uma multiplicidade de pequenas vidas, células ou átomos, cada qual com sua consciência individual, que corresponde a sua auto-consciência. A consciência do corpo físico como um todo pode ser considerada, do ponto de vista do átomo, como a consciência coletiva. Depois temos a consciência do homem, o pensador. É ele quem anima o corpo e o submete a sua vontade – e é, para o átomo do corpo, semelhante ao que se pode chamar de Consciência Divina. Nossa consciência está tão distante da do átomo quanto a do Logos Solar está da nossa. Então, para o átomo do nosso corpo, a consciência do Logos Solar poderia ser considerada como a Consciência Absoluta, não?

Essa idéia pode ser aplicada ao átomo humano, ao átomo planetário, e pode-se então supor que para o Logos Solar exista uma consciência, além da Sua própria, que guarde a mesma proporção com a Sua que a que existe entre o átomo de nosso corpo e Ele. Aqui se entreabre uma perspectiva maravilhosa. É encorajadora, pois se olharmos bem para a célula do corpo físico, e pensarmos no longo caminho que trilhamos entre essa consciência e aquela que hoje possuímos, vemos a esperança e a certeza das futuras conquistas, e temos um incentivo pra persistir em nossa busca.

Os livros antigos do Oriente guardaram em segredo por muitas eras a verdade sobre muita coisa que só agora está começando a aparecer da consciência ocidental. Há milhares de anos já ensinavam a radioatividade da matéria, e portanto, talvez seja verdade também o que dizem acerca das constelações. Talvez nas estrelas que contemplamos no firmamento distante, e na vida que nelas evolui, esteja o objetivo de nosso Logos Solar, e as influências que chegam a Ele, atraindo-o para lá, e que o tornarão, no devido tempo, radioativo.

Dizem os textos orientais que na estrela Sírius se encontra a fonte da sabedoria, e que os impulsos e a energia do amor emanam dali. Também dizem que existe uma constelação ainda mais estreitamente relacionada com nosso Logos Solar, e o motivo é que Ele ainda não é suficientemente evoluído para sintonizar plenamente com Sírius, mas pode reagir ao influxo das sete irmãs das Plêiades. Esse conjunto de estrelas é muito interessante. Se formos ao dicionário e procurarmos a palavra "eletricidade", encontraremos que a origem do termo pode ser a estrela Electra, uma das sete irmãs, que alguns acham ser a pequena Plêiade perdida. Os instrutores orientais dizem que no mistério da eletricidade se oculta tudo que se pode saber.

Qual pode ser a relação entre as Plêiades e o nosso sistema, não podemos dizer, mas até a Bíblia cristã a reconhece, e Jó fala da "suave influência das Plêiades", enquanto alguns textos orientais declaram que essa relação reside no som ou vibração. Talvez as Plêiades sejam a fonte da vida atômica do nosso Logos, o aspecto inteligência atuando, o que se desenvolve primeiro, e que poderíamos chamar de substância elétrica.

Depois temos a Ursa Maior. Os textos orientais dizem muita coisa interessante a respeito da relação entre a Ursa Maior e as Plêiades. Dizem que as sete irmãs são as sete esposas das sete estrelas da Ursa Maior. Qual será a verdade oculta por trás dessa lenda? Se as Plêiades são a fonte da manifestação elétrica, o aspecto inteligente em ação no sistema solar, e a sua energia é a que anima a matéria, talvez representem o aspecto negativo, cuja polarização oposta, ou positiva, são os sete esposos, as sete estrelas da Ursa Maior. Talvez a união dos dois seja o que criou o nosso sistema solar. Talvez esses dois tipos de energia, a das Plêiades e a da Ursa Maior, se encontrem, e sua conjunção produza isso que chamamos de nosso sistema solar.

A relação entre essas duas constelações, ou melhor, sua relação interna, deve ter alguma base real, ou as diversas mitologias não a teriam apontado. Deve haver algo que conecte as duas, entre as miríades de constelações, com o nosso sistema. Mas se quisermos dar a isso uma conotação meramente física, ficaremos perdidos. Se o entendermos em termos de vida interior, relacionada com energias, qualidades ou forças, é provável que encontremos a verdade, descobrindo algumas realidades que se ocultam atrás do que à primeira vista pode parecer uma historinha sem sentido.

Tudo que amplia nosso horizonte, nos permite ter uma visão maior e mais clara do que acontece no processo evolutivo, é importante, não porque a acumulação de fatos comprovados seja importante, mas em razão do que nos permite realizar dentro de nós; aumenta nossa capacidade de pensar em termos maiores e mais amplos; podemos ver mais além de nossa perspectiva auto-centrada, e incluir em nossa consciência outras coisas além de nós. Ao fazer isso, estamos desenvolvendo a consciência coletiva, e por fim nos daremos conta de que as coisas aparentemente magníficas pelas quais lutamos e morremos por muitas eras, e achávamos que constituíam a autêntica verdade, eram afinal apenas partes de um projeto, porções infinitesimais de um todo gigantesco. Talvez, então, quando voltarmos novamente à terra, e pudermos olhar para as coisas que hoje nos interessam, e achamos tão importantes, vejamos quão errôneos eram os fatos da forma que os apreendemos.

Afinal, os fatos não são o que importa; os fatos aceitos no século passado não o são hoje, e no século que vem os cientistas poderão rir de nossas afirmações dogmáticas, e se perguntar como podíamos considerar a matéria como o fazíamos. É a evolução da vida, e a relação dela com tudo que a cerca, que realmente importa; e sobretudo, o que causamos naqueles com quem nos relacionamos, e o trabalho que fazemos, que afeta, para o bem ou para o mal, o grupo em que nos encontramos.

Para concluir esta série de palestras, não há melhor maneira que citando São Paulo, que diz: "Reconheço que os sofrimentos do presente não merecem ser comparados com a glória que nos será revelada... pois somos salvos pela esperança... e tenho por certo que nem a morte nem a vida, nem anjos nem potestades, nem poderes, nem as coisas presentes nem as futuras, nem o alto nem o baixo, nem qualquer criatura nos poderá separar do amor de Deus".

Fim

"Não pense que é preconceito, mas..."

Em realidade, era ele a grande barreira – o conceito prévio por "ouvir dizer" – que fazia hesitar Eusébio, o aprendiz do plano espiritual, diante da perspectiva de ingressar num centro de umbanda, onde seu mentor espiritual, da casa espírita, lhe recomendara estagiar.

Essa mesma barreira intangível, construída à revelia da razão e da lógica, é o que com freqüência, distancia espíritas e espiritualistas do exame desapaixonado (o livre-exame e a avaliação racional que Kardec e outros instrutores sempre preconizaram) dessa religião brasileira de tanta expressividade espiritual.

Ao conseguir finalmente vencer os dois degraus que o retinham à entrada do templo, o espírito aprendiz, Eusébio, inicia o mergulho em um universo ignorado de trabalho espiritual, em que reina a caridade desinteressada alicerçada no Evangelho, e a humildade dos pretos velhos e a simplicidade dos caboclos revestem espíritos de sabedoria milenar e alcance insuspeitado ao lidar com as energias e os corações humanos.

Cativado pelo imenso amor e pelos novos horizontes que vislumbra, Eusébio vai, de surpresa em surpresa, até a revelação final sobre o seu próprio passado reencarnatório, numa catarse profunda que lhe faltava ao espírito até então.

A essa viagem ao universo do movimento umbandista, desvendado do "lado de lá" pela visão imparcial de alguém inicialmente refratário a ele, é que esta obra se propõe conduzir o leitor, como companheiro de descobertas da grande religião brasileira, cristã e mediúnica que viceja ainda à margem do conhecimento de seus irmãos da seara da Luz.

Recanto de Luz

EUSÉBIO / LUIS CARLOS RAPPARINI

ISBN 85-7618-101-0 • Formato 14 x 21 cm • 416 pp.

Nefertiti e os mistérios sagrados do Egito não é uma obra a mais sobre a terra dos faraós; é uma contribuição séria e importante para aqueles que desejam penetrar no âmago da história do antigo Egito e desvendar os sagrados mistérios de seu povo, seus costumes, seus deuses e seus governantes. O leitor pode aceitar ou não as conclusões que Chiang Sing apresenta, porém é incontestável a seriedade dos seus documentos e a inegável honestidade das fontes que ela utilizou como alicerce para a confecção desta obra histórica. Inspirada nos papiros, Chiang Sing preferiu adotar a versão de que Nefertiti é quem foi a incentivadora do culto a Aton no Egito, contribuindo para a transformação das idéias religiosas de seu esposo, o faraó Akhnaton. "Que cada um escolha a sua própria versão. A verdadeira talvez nunca venha a ser conhecida", afirma o diplomata egípcio Mohamed Salah El Derwy admirador e amigo da autora.

Nefertiti e os Mistérios Sagrados do Egito

CHIANG SING

ISBN 85-7618-065-0 • Formato 14 x 21 cm • 352 pp.

Tibete! Uma das regiões mais misteriosas do mundo.

A jornalista Chiang Sing, foi a primeira brasileira que conseguiu ingressar nessa terra ignota, e durante meses a atravessou no rumo da cidade sagrada de Lhasa, descobrindo no trajeto as facetas mais fascinantes da espiritualidade do seu povo, para relatar nesta obra.

Poderes psíquicos que produzem fenômenos quase inacreditáveis, tradições e festas ancestrais, a incrível materialização dos mestres no Festival de Wesak, a "sombra do Buda" numa caverna sagrada, instruções da sabedoria milenar dos lamas e seus ensinamentos secretos, predições surpreendentes, monges que levitam, rituais da magia das sombras, a fantástica eficácia de uma medicina milenar. Tudo isso e muito mais transita nestas páginas, enquanto em seu texto fácil e agradável, viajamos junto com a autora na vastidão do "país das neves".

Um sucesso editorial que retorna para fascinar novos leitores.

Mistérios e Magias do Tibete

CHIANG SING

ISBN 85-7618-081-2 • Formato 14 x 21 cm • 256 pp.

No começo do século XX, saíram contrabandeados da penitenciária de San Quentin, nos Estados Unidos, manuscritos de um ex-detento que permaneceu na solitária por oito anos, até ser enforcado. Este seria um fato comum, não fosse o incrível conteúdo dos relatos, que foram produzidos de maneira inusitada — após o prisioneiro submeter-se à auto-hipnose e entrar em estado alterado de consciência, por meio do qual era capaz de vivenciar experiências de vidas passadas.

Danell Standing, um professor de agronomia que matou um colega de faculdade, aprendeu essa técnica dentro da prisão, em princípio para escapar das terríveis dores que lhe causavam a tortura da camisa-de-força, onde ele era obrigado a ficar até cem horas ininterruptas. Depois, para recuperar mais detalhes das longínquas existências que lhe eram proporcionadas a cada novo desdobramento astral. Em suas memórias, ele deixou registrado um relato que nos chama atenção porque as provas dessa sua existência encontram-se expostas hoje no museu da Filadélfia.

Embora fosse um cético, Jack London, mestre norte-americano da ficção, absorveu a rica experiência de Danell Standing e se propôs a narrar um dos mais instigantes e envolventes romances de todos os tempos, O Andarilho das Estrelas, que retoma a visão de mundo de grandes sábios e filósfos que a humanidade produziu.

O Andarilho das Estrelas

JACK LONDON

ISBN 85-7618-019-7 • Formato 14 x 21 cm • 320 pp.

Flávia tinha pais amorosos, uma vida confortável, vinte anos de uma nova vida cheia de esperança. E, no lastro do psiquismo, as sementes ocultas de uma adesão pretérita à pior das escravidões que podem sujeitar os seres humanos: a dependência de drogas.

Através da trajetória de Flávia, no plano da matéria e após o desencarne prematuro, acompanhamos, depois de seu mergulho nos vales sombrios da astralidade, diversas experiências que costumam cercar os desencarnados nessas condições, interagindo com habitantes do cenário material e do mundo invisível.

A experiência de ricos ensinamentos dessa alma em sofrimento é aproveitada e disponibilizada para este relato quando, numa academia de certa colônia astral, serve de estudo de caso para a análise detalhada dessa tragédia moderna: o universo da droga e suas facetas, no relato da própria jovem que a vivenciou.

Real, tocante e mais do que oportuna, uma radiografia de nossa época de fim de ciclo planetário.

Estrelas no Céu de Inverno

ALMIR RESENDE

ISBN 978-85-7618-483-6 • Formato 14 x 21 cm • 176 pp.

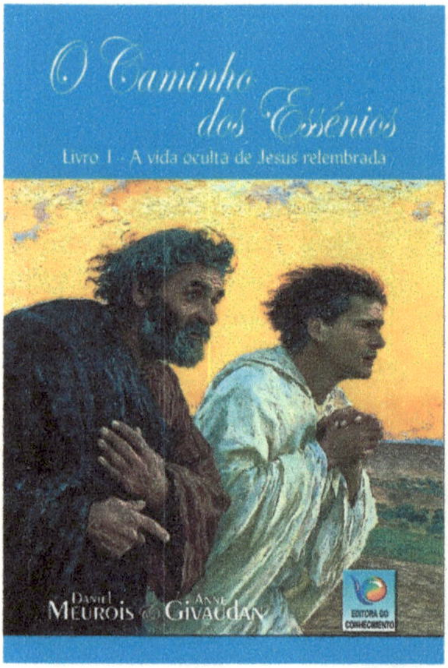

Eis aqui uma obra da maior importância, da qual inúmeros leitores pelo mundo afirmam que modificou a trajetória de suas vidas. Um livro que, para muitos, foi a base de uma reconciliação com Aquele que marcou para sempre nossa humanidade.

Desde a descoberta dos Manuscritos do Mar Morto, todos se perguntam: "Quem era Jesus? E quem eram esses essênios de quem Ele era tão próximo?"

Este livro tenta responder a perguntas como essas, através de um testemunho vivido. Na verdade, Daniel Meurois e Anne Givaudan nos revelam aqui o resultado desafiante de suas experiências nos Anais do Akasha, durante dois anos de viagens astrais.

Pela qualidade da escrita e pela força do seu pensamento, o testemunho dos autores nos leva a reviver com emoção o desenrolar da vida cotidiana de uma comunidade essênia dos tempos evangélicos.

Rapidamente transformado em best-seller nos inúmeros países em que foi traduzido, O Caminho dos Essênios surpreende e fascina. Mesmo que perturbe muitas das idéias tradicionais, ele tem o mérito, ao nada impor, de tocar profundamente o leitor, levando-o a refletir sobre a importância da contribuição essênia para a preparação da missão crística e para sua compreensão no processo de evolução espiritual.

Durante cerca de vinte anos, Anne Givaudan e Daniel Meurois uniram seus esforços para oferecer ao público um testemunho fora do comum sobre a pluralidade dos mundos e a busca de uma nova consciência.

O Caminho dos Essênios - VOLUME 1

ANNE E DANIEL MEUROIS-GIVAUDAN

ISBN 85-7618-028-6 • Formato 14 x 21 cm • 416 pp.

Longe de ser apenas uma alternativa alimentar, o vegetarianismo faz parte das alterações urgentes que se impõem aos cidadãos da Nova Era.

"A base do meu vegetarianismo não é física, mas ética", afirmava Gandhi, um dos autores dos quatro textos que compõem esta obra. A sua filosofia da não-violência nos confronta com a incoerência que constitui pregarmos a paz enquanto destruímos vidas, desnecessariamente.

C. W. Leadbeater, um dos pilares da teosofia, descreve os efeitos energéticos ocultos que sobrecarregam as cidades modernas de energias de violência e depressão, com repercussões terríveis sobre os seres humanos, sobretudo crianças, e analisa as conseqüências, do ponto de vista oculto, da alimentação que, por desconhecimento, a humanidade ainda prefere conservar.

Um texto clássico de Ramatís, o conhecido mestre oriental, desvenda o verdadeiro mecanismo produtor das guerras e o substrato que se oculta por trás do domínio das sombras sobre a humanidade, e que é de interesse de seus líderes conservar oculto para a consciência dos encarnados.

Mariléa de Castro analisa as causas, nunca mencionadas, da fome do planeta e noticia as pesquisas mais atuais sobre as patologias do câncer, as associadas à terceira idade, a reposição hormonal e os distúrbios climatéricos. A posição dos espiritualistas e espíritas diante da alimentação e em face das leis maiores é examinada, incluindo a insofismável diretriz kardequiana que poucos têm a coragem de admitir.

Tudo que vive é teu próximo

C. W. LEADBEATER, M. GANDHI, RAMATÍS E MARILÉA DE CASTRO

ISBN 85-7618-009-X • Formato 14 x 21 cm • 256 pp.

UMA NOVA CHANCE

MARIANA / LUCIANA MOTTA

ISBN 85-7618-110-0 • Formato 14 x 21 cm • 128 pp.

Uma Nova Chance é uma obra de valor incalculável, tanto para aqueles que já se iniciaram na doutrina espírita, como para os que acabam de ingressar. O leitor ficará encantado com a valiosa narrativa de Mariana, espírito que habita a Colônia dos Contadores de Histórias e se encarrega de transformar em livro experiências vividas na carne por espíritos recém-desencarnados. Tendo diversos trabalhos já aprovados pelos espíritos superiores, foi-lhe recomendada inicialmente a divulgação de sua própria história. E é a marcante e curta experiência de Mariana, médica obstetra que viveu na Terra apenas trinta e oito anos, que nos ensinará a superar muitos problemas do dia-a-dia. Envolvida com as drogas ainda muito jovem, ela caiu nas mãos de traficantes e acabou por envolver toda a família num grande drama. Até que, no fundo do poço, foi amparada por amigos espirituais e passou a descobrir toda uma história por trás de seu percurso como ser encarnado.

A Consciência do Átomo

foi confeccionado em impressão digital, em março de 2025

Conhecimento Editorial Ltda

(19) 3451-5440 — conhecimento@edconhecimento.com.br

Impresso em Luxcream 80g, StoraEnso